Yvonne Bader *(Pema Wangchuk)*

Neue Lösungsansätze und Wege der Heilung innerhalb von komplexen Systemen

Innenansichten einer Heilerin und eines Mediums

Innere Reisen: Teil 3

Für

Fee & Mavis,

meine Mama und Pap´s,

meinen Mann Daniel Author Author,

unseren spirituellen Sohn Jéronimos,

alle weltlichen & geistigen Lehrer

sowie meinen lieben Wegbegleitern

zum Dank.

Die Deutsche Nationalbibliothek
verzeichnet diese Publikation in der
Deutschen Nationalbibliografie; detaillierte
bibliografische Daten sind
im Internet über http://dnb.dnb.de abrufbar

© Yvonne Bader 2025
Verlag:
BoD · Books on Demand GmbH,
In de Tarpen 42, 22848 Norderstedt,
bod@bod.de
Druck:
Libri Plureos GmbH, Friedensallee 273,
22763 Hamburg
ISBN: 978-3-7693-5282-5

Abbildungen:
Umschlagseite vorn: „Transformation", Foto von
Yvonne Bader
S.51 Abbildung, AGIL-Schema
S.73 Abbildung, Kommunikationsmodell
S.76 Abbildung, Organon-Modell
S.77 Abbildung, Zellensymbol
S.91 Abbildung, Strukturelle Kopplung
S.96 Abbildung, Heilung (Foto v.Yvonne Bader)
S.102 Foto von Yvonne Bader

**<<Ex deo nascimur -
In Christo morimur -
Per spiritum sanctum reviviscimus>>**

(Rosenkreuzerspruch)

(Aus dem Gotte sind wir geboren - In dem Christus
sterben wir – Durch den Heiligen Geist werden wir
auferstehen).

ॐ भूर्भुवः स्वः ।
तत्सवितुर्वरेण्यं ।
भर्गो देवस्य धीमहि ।
धियो यो नः प्रचोदयात् ॥

„oṃ bhūr bhuvaḥ svaḥ
tát savitúr váreniyaṃ
bhárgo devásya dhīmahi
dhíyo yó naḥ pracodáyāt"

(Savitri Gayatry Mantra)

Inhaltsverzeichnis

Vorwort

Voller Klarheit und innerem Frieden darf ich nun mein drittes schriftliches Traktat (lat.: tractatum „Abhandlung, Erörterung") beginnen.

Klarheit empfinde ich, da nun die Essenz meiner ganzheitlichen „Heilungs- und Forschungsarbeit" dargestellt wird.
Frieden, da ich nun, im Sinne des „Wu Wei" (Tao),

https://en.wikipedia.org/wiki/Wu_wei

all mein Wissen vermitteln darf, d.h. einerseits meine Lebenserfahrung/These(erfahrungswissenschaftlich) und zusätzlich fachlich, was ich innerhalb meines 10jährigen Sozialwissenschaftlichen Studiums/Antithese (empirische Wissenschaft), an der Carl von Ossietzky Universität, in Oldenburg, als sprachliches und strukturelles Werkzeug anzuwenden lernte.

Ebenso nun vollendet in der Verknüpfung (Synthese) durch die Essenzbildung meines Studiums u.a. der hermetischen Gesetze und der Psychologie nach C.G. Jung, im Rahmen der spirituellen Lebensberatung und deren praktischer Anwendung, um komplexe systemische Probleme, die sowohl innerhalb eines Individuums als auch innerhalb von Familien- oder Gesellschaftssystemen auftreten können, durch Erkennen der wahren Ursache und dementsprechender energetischer Arbeit (innerer Alchemie) nachhaltig zu lösen, um dann nach erfolgreich durchlaufener Transformation auf einer neuen Ebene auf dem Weg zur Ganzwerdung (Heilung) voranzuschreiten.

Geführt werde ich erneut, wie bei den zwei vorangegangenen Schriften ebenfalls, durch „automatisches Schreiben".

Gespeist und verbunden sind meine Zeilen von/an all den/die geistigen Lehrer/n, denen ich auf meinem ganz individuellen „Herzens-Weg" immer wieder begegnet bin (Synchronizität) und zu denen eine ganz persönliche Resonanz besteht, ebenso wie die „göttliche Energie" selbst, die ich während meiner energetischen Heilungsarbeit als Medium immer wieder fühlen darf.

Durch jahrzehntelange Meditationspraxis (ab 2008 täglich/ heute morgens und abends) ist es mir gelungen, meinen „inneren Tempel" so zu reinigen, dass es mich manchmal selbst überwältigt und zu Tränen rührt, wie tief ich die Verbundenheit und Liebe Gottes fühlen darf und über mich auch für die, die mir auf meinem Weg begegnen, erfahrbar machen kann.
Es ist ein überwältigendes Geschenk und vielleicht hilft es Dir als Analogie, wenn ich diesen Moment beschreibe, wie in dem Film Abyss (James Cameron, geb. 16.08.1954/ Weißer Solarer Hund nach dem Maya Kalender) …

https://www.youtube.com/watch?v=wO7Vyhy0iXs

Da wird eine Wesenheit aus Wasser geformt und es gibt einen Moment der Begegnung der so magisch ist, dass ich ihn mit Worten nicht wiedergeben kann…
Spannend, dass bei „Vaiana 2" (November 2024) von Disney ausgerechnet das gleiche Thema aufgegriffen wird und noch mehr…Atlantis ?

https://www.youtube.com/watch?v=vPskuDeB0y8

Gott ist nicht „nur" Bewusstsein… Gott ist eine Wesenheit, wie Gaya, Mutter Erde, wie du es aus dem Film „Avatar" kennst.
Zufall, dass dieser Film auch von James Cameron ist…nein…er ist nach seinem energetischen Zeichen ein weißer solarer Hund (Kraft des Herzens) und worum geht es denn hier auf der Erde für alle Seelen?
Weißt du, dass die Erde ein Liebesplanet ist und alle Seelen auf dem Schulungsweg zur „all-umfassenden" und „bedingungslosen Liebe" sind?

In meinen Inneren Reisen, Teil 1 u.2 habe ich bereits viele meiner geistigen Väter benannt und verweise an dieser Stelle darauf.

Nun zurück zu diesem Teil 3.

Ich hatte, vor etwa 28 Jahren, meine Diplomarbeit zum
Thema Biologie der Kognition
(U.R. Maturana / F. Varela) fast beendet, konnte jedoch
aus privaten Gründen diese Arbeit nicht zum Abschluss
bringen.

Begründung: Ich (Stern) hatte mich für den Weg des
Herzens/Liebe (Kai/Himmelswanderer) entschieden und
gegen eine wissenschaftliche Karriere/Geld u. Ansehen.
*Heute (25.12.2024) habe ich die Möglichkeit, diese Ziele
miteinander zu vereinen, anstatt sie als Gegensätze zu
betrachten.*
Jetzt, wenn ich bestimmte Begriffe und deren inhaltliche
Eigenarten, nach so vielen vergangenen Jahren benenne,
ist es, als begegnete ich vielzähligen „guten, alten
Freunden" wieder und es fühlt sich für mich an, wie ein
„Wiedersehensfest".

Außerdem BIN ICH/ICH BIN zutiefst gerührt über dieses
unerwartete Geschenk.
Wie schön ist das Gefühl, just in diesem Moment, durch
Erfahrung die Gewissheit zu erlangen, dass auch
Wissen/Wahrheit, wie die Seele an sich, unsterblich
ist...d.h. auch wenn ich meine Arbeit durch die Medien
nicht wieder zum Leben erwecken kann,
 (Ich hatte damals noch mit XP als Betriebssystem
geschrieben und Disketten benutzt. Außerdem war diese
Arbeit von mir nicht ausgedruckt worden, die vielen
getippten Zeilen, sie galten für mich bis jetzt als
verloren), blieb die Essenz gespeichert im Äther erhalten.

Jetzt wird all dieses Wissen für mich plötzlich wieder abrufbar gemacht und ich kann/darf es nun als Handwerkzeug anwenden, um meine Ergebnisse einerseits anschaulich darzustellen, andererseits darf ich meine Forschungsarbeit nun in diesem Werk aktiv vorantreiben...
in einer mir bis dato neuen Art des Schreibens, ich möchte es „interaktives holistisches Schreiben" nennen.
Genauer gesagt, in diesem Moment dokumentiere ich in „Echtzeit" meine eigenen kognitiven Prozesse, während ich an die „göttliche Quelle" angeschlossen bin und geführt werde.

Vor zwei Tagen (10.10.2024) habe ich nach 5 Jahren Pause meinen Vater und seine Frau wieder besucht…es erscheint so, als wäre damit die direkte „Heimkehr zum Vater" vollzogen worden (wie unten, so oben, wie im Kleinen, so im Großen).
Dafür empfinde ich stille Dankbarkeit.

ICH arbeite in diesem Fall medial und BIN selbst ein „Werkzeug" der Quelle (eine Hand Gottes) .

Während des Entstehungsprozesses dieses Traktates, lerne und lehre ICH gleichzeitig.

Als nächstes bekomme ich nun bestätigt, was ich bisher die ganze Zeit als These angenommen habe.

Und zwar hatte ich für mich mal die Annahme formuliert, dass, auch wenn ich mich nicht mehr an Einzelheiten des Inhalts all der Bücher erinnern kann, die ich in meinem Leben schon gelesen habe, die Essenz dessen, während des Leseprozesses an sich, schon in meine Struktur konfiguriert wurde.

***Anmerkung:** Das gleiche gilt interessanterweise auch für Traumata und dementsprechende Blockaden des Energiesystems, die wir in unserem Leben erfahren.*

Darüber hinaus stelle ich gerade fest, kann ich diese Annahme verallgemeinern, indem ich diese These auf alle Informationsquellen erweitere, d.h. Alle Informationen, die mein Bewusstsein beeindruckt haben, sind in meine Struktur eingeflossen...

Diesbezüglich hatte ich vor gar nicht langer Zeit ein interessantes Telefonat mit einer Bekannten, die meinte, ihr Kopf wäre mit Gedanken so überfüllt, dass sie das Gefühl hätte, es würde nichts mehr „reinpassen".

...sie wünsche sich eine Art Glaskugel, wie Professor Albus Dumbledore aus „Harry Potter" sie besäße, wo sie all ihre Gedanken lagern und auf Wunsch wieder abrufen könne.
Ich verstand sie inhaltlich, konnte meinerseits allerdings nicht klagen.
Obwohl ich beständig Neues erlerne, so habe ich doch nie das Gefühl, dass nichts mehr „reinpasst".

Wahrscheinlich liegt es daran, dass ich das Gehirn nicht
als Speichermedium für Informationen betrachte, sondern
als Empfangs -und Sendeorgan (Zirbeldrüse).

Es wird mit der unterschiedlichen Art des „Bewusst-
Seins" zusammenhängen, da bin ich mir sicher.

Ein sehr erbauliches Telefonat hatte ich 2019 mit meinem
Pap´s.
Ich schildre ihm sehr freudig, wie es um die Entstehung
dieses 3.ten Teiles bestellt ist und wir kommen auf
„Schicksal" und sich „schließende Kreise" , weil ich ja
nun so froh darüber bin, dass meine Diplomarbeit nicht
„verlorene Energie" war, sondern 25 Jahre später ihre
Früchte trägt... da ich ja jetzt über komplexe Systeme
schreibe usw. und es heute schon ein weiterentwickeltes
Modell, wie die Komplexitätstheorie gibt, mit der
Prozesse, wie z.B. die Evolution oder die Chaosforschung
beschrieben werden usw. und er bringt es so schön auf
den Punkt, als er sagt: „Yvi, **das ist das Leben!"**

Genau, damit beschließe ich mein Vorwort und freue
mich auf die kommende innere Reise, deren Ziel und
Zwischenetappen auch mir bis dato noch unbekannt sind,
aber ich weiß, ich er-fülle im Einklang mit „dem All-
einen" meinen Seelenplan und somit meine
Lebensaufgabe.

1.Kapitel: Was ist eigentlich ein System?

So, jetzt soll ich als Titel „**Neue Lösungsansätze und Wege der Heilung innerhalb von komplexen Systemen**" wählen.

Das hat auch seine Begründung, da meine Arbeitsfelder im Laufe der Jahre an Komplexität enorm zugenommen haben, was eine Beschreibung meiner Tätigkeit nicht gerade erleichtert.

War zunächst meine Aufmerksamkeit der Trinität Mensch gewidmet, die es in harmonische Balance zu bringen gilt, um Heilung zu bewirken,
kommen nun zunehmend auch ganze Familiensysteme und soziale Gruppen zum Heilungsplan hinzu, was sowohl jetzt lebende Mitglieder als auch die verstorbenen Ahnen einschließt.
Zusätzlich arbeite ich nun also für Seelen, die ihre physische Körper-Hülle bereits abgelegt haben, nun aber anscheinend, zumindest, solange sie sich in Erdnähe aufhalten, auf Schutzhüllen anderer Art, angewiesen sind. (*Ohne Körper lässt sich in der Materie schlecht agieren*)

… hierzu der Link zu einem kürzlich von mir verfassten Podcast…

https://soundcloud.com/search?q=Erdgebundene%20Seelen

Fast schon kitschig, wie in „Das kleine Gespenst" von Otfried Preußler, was in einer alten Truhe nächtigt, suchen sie Unterschlupf in Häusern, Antiquitäten oder alten Spieluhren…vielleicht auch in unseren Erinnerungen/ gedanklichen Strukturen …Matrix?

Manchmal sind anscheinend auch ganze Landstriche betroffen,
z.B. denke ich hier an die sogenannte „Große Höhe" ...einen Truppenübungsplatz, in der Nähe von Delmenhorst, mit weitreichender Vergangenheit, bis zum 2.Weltkrieg zurück.

Fliegerangriffe wurden von dort aus geflogen, Kriegsgefangene wurden dort zur Zwangsarbeit genötigt, zwischendurch befanden sich in der Kaserne Waisenkinder, die kirchlich betreut wurden, heute sind es wieder Flüchtlinge, die dort unterkommen....
Ich möchte nicht wissen, wie viele Menschen dort in dem Bereich unbekannt verstorben sind...

Geht eine Bekannte dort spazieren, sammelt sie regelmäßig Seelen ein, die gehen möchten. In meiner Vorstellung nimmt man sie dann quasi „huckepack" mit, wie eine Art blinder Passagier.
Hört sich jetzt vielleicht fies an, aber ich muss unvermittelt an Zecken denken, die mein Kater Merlin manchmal mit anschleppte.

So können ganze Landstriche negativ geladen sein, ähnliches lässt sich am Bremer Flughafen oder auch auf ehemaligen Kasernengeländen beobachten, die neu bebaut werden, wie z.B. der Lesum-Park in Bremen.

Wer sich unter dem, was ich hier beschreibe, nichts vorstellen kann und ein intensives Erlebnis wünscht, der soll sich mal zum U-Boot Bunker Valentin in Bremen-Vegesack begeben. Ich kenne kaum einen Ort, an dem, in mir, so spontan Beklemmung aufstieg.

Doch, Dachau und Bergen-Belsen waren auch krass. Interessant wäre es festzustellen, wie Menschen auf diese Orte reagieren, die einerseits um die Geschichte dieses Ortes wissen und andererseits Menschen, die unwissend dort ihre Zeit verbringen.

Oder „Freistatt", Film von Marc Brummund (2015). Mein jüngster Onkel hat „zufällig" an diesem realen Ort als Lehrer gearbeitet, deswegen bin ich wohl auch darauf aufmerksam geworden und diese ehemalige Erziehungsanstalt hat eine bewegte Geschichte, mit sehr düsteren Kapiteln. Alles Orte, die zur Reinigung auf meiner Liste stehen.

Anmerkung: *Heute arbeite ich selbst als Pädagogische Mitarbeiterin an einer Grundschule (Zufall?). (2024)*

Weitere wären das Klinikum Ost, in Bremen und das Landeskrankenhaus Wehnen (heute die Carl Jasper Klinik in Oldenburg), beides, zur Zeit des Nationalsozialismus, ehemalige Tötungsstationen.

Zur Geschichte der Karl-Jasper-Klinik (Wehnen) gibt es seit 2017 einen sehr aufklärenden Film/Titel: „Ich werde nicht schweigen" von Esther Gronenborn.

Dort wird eindrucksvoll beschrieben, wie Menschen „gestorben" wurden und erschreckend klar wird aufgezeigt, wie arrogant und kalt manche Schulmediziner ihr menschenverachtendes Verhalten auch noch vor ihrem Gewissen rechtfertigen.

Anmerkung: *Wenn ich mir die jetzige Situation des „automatisierten Gesundheitssystems" anschaue, kann ich leider keinen signifikanten Fortschritt/Wandel erkennen. (2024)*

Klein angefangen reicht schon der Wischenweg und mein ehemaliges Zuhause. Der ursprüngliche Besitzer soll getrunken und seine Tiere gequält haben.
Und dann passiert, „Hotel California like", immer wieder das Gleiche in dem Gemäuer, nur die Besetzung der Truppe ändert sich, mit denjenigen die ein- und ausziehen....

*Diese Wiederholung stelle ich leider auch gerade
(Dezember 2024) in der Grundschule fest. Es ist wie ein
Uhrwerk, deren Rädchen wechseln, aber der Takt bleibt
der Gleiche und* **„bitte keiner aus der Reihe tanzen…!"**

...mehr dazu jetzt aus diesem Jahr (2019) nur kurz.

Hier im Viertel, in der Metzer Str., hat bis dieses Jahr, die
unheilvolle Seele eines Schlachters für Unruhe gesorgt
und den Bewohner der betreffenden Haushälfte, als auch
dem Nachbarn, mit dem ich befreundet war, das Leben
verdrießlich gemacht.

Ob es jetzt ein nächtliches „Rumpoltern" war oder ein
Verbreiten von Unwohlsein (Druckgefühl am Hals).
Er machte immer wieder unliebsam auf sich aufmerksam,
bis ich eines Tages intuitiv entschlossen, dort eine
persönliche Reinigung vornahm, nachdem ich von dem
Eigentümer eingeladen wurde. Der „Ruhelose" befand
sich oben unter dem Dach im einstigen Schlafzimmer, ich
musste dann mit ihm nach draußen in den Garten gehen.

Er sah sich, im Garten angekommen, nochmal den
Nussbaum an und seinen Holunder, warum auch immer,
nahm Abschied und dann schickte ich ihn ins Licht.
Seitdem ist Ruhe eingekehrt.
*(25.12.2024: Er wird daraus selbstgebrannten Schnaps
hergestellt haben, kommt gerade intuitiv als
Nachricht ...danke, das macht Sinn.)*

Mittlerweile habe ich auch mit einer Bekannten und
meiner kleinen Tochter gemeinsam den Spielplatz
zwischen Metzer Str. und Posener Str. gereinigt.
Es bestand der Verdacht, dort habe sich einst ein
„Sammelplatz" für Kriegsgefangene und Juden befunden,
die von dort aus u.A. nach Wehnen transportiert wurden.
Leider wurde dieser Verdacht während meiner
energetischen Arbeit bestätigt.
Die anderen beiden haben wirklich den Müll
aufgesammelt, während ich mit dem Tensor über die
Gesamtfläche schritt, um die Energie zu überprüfen, die
weitestgehend negativ war.

Zum Abschluss stand ich am Ende zur Metzer Str., Ecke
Sonderburger Str. und schickte von dort aus 89
erdgebundene Seelen ins Licht, davon waren 10 jüdischer
Abstammung.

Ich habe aus verschiedenen Quellen schon vernommen,
das Wasser ein Gedächtnis besitzen soll.

Vielleicht ist es auch einfach das Bewusstsein in allem.
Ich bin mir da noch nicht schlüssig.

An Orten, in Häusern, wo schlimme Dinge passiert sind,
scheinen diese Ereignisse gespeichert zu bleiben, Wasser
speichert ebenfalls Informationen, das kenne ich aus
meiner Arbeit mit Körbler.

Der Lebensenergieforscher **Erich Körbler** formulierte: "Wasser ist eigentlich ein Mineral, das unter bestimmten Temperaturen einen flüssigen Zustand einnimmt. Im Zustand der Flüssigkeit sind die Wassermoleküle beweglich. Die überwiegende Negativladung des Sauerstoffatoms richtet das Wassermolekül nach einer vorhandenen Positivladung, etwa eines Ions, aus. Es entstehen in Abhängigkeit von der vorhandenen Ladung kugelartige Gebilde (Cluster). Wenn man das Ladungsmuster ändert, richten sich die Wassermoleküle neu aus." (Raum&Zeit Special 3 Seite 87)

Die Anordnung der Cluster übermittelt die Information, die unsere Zellen beeinflusst.

Das würde bedeuten, das sowohl Steine (Gemäuer), als auch Holz (Antiquitäten) bzw. Grundwasser über eine Art von Gedächtnis verfügen, genauer gesagt Schwingungen oder Informationen von den Molekülen aufgenommen und gespeichert werden???

Die Clusterbildung möchte ich hier an dieser Stelle sogar auf das Verhalten von sozialen Gruppen übertragen. *Anmerkung September 2024: Dieses darf ich nun fast täglich im Rahmen der Grundschule studieren.*

Mögen mir die Zeitsprünge entschuldigt sein, die dieser Schrift nun merklich zunehmend einen holistischen Charakter verleihen…wie es z.B. im Film Rückblenden oder unterbrochene Handlung Stränge gibt, die sich lösen und über die Zeit wieder verbinden (alchimistisches Prinzip), dennoch beschreibt es so authentisch die multidimensionalen Prozesse, die innerhalb komplexer Systeme ablaufen…eben nicht linear…das betrifft auch den zeitlichen Aspekt, selbst wenn ich energetisch arbeite, starte ich mit den Klienten im „Jetzt", um dann auf den Meridianen zeitlich rückwärts zu reisen, vielleicht hat deswegen Einstein schon konstatiert, dass Zeit relativ ist.

Es sind Herbstferien.
Ich habe jetzt eine „Vierjährige Schreibpause" (inclusive Corona-Pandemie) gemacht, um nun mit der Vermittlung meines Wissens fortzufahren.
In der Zwischenzeit habe ich ein Studium zur „spirituellen Lebensberatung" mit Bestnote 1.0 absolviert, kämpfe seit dem 01.08.2023 als Selbstständige Beraterin für unseren Lebensunterhalt (Survival of the fittest), Höhepunkte meiner energetischen Arbeit waren zuletzt die Reinigung einer Dorf-Kirche, 13. Jhdt., die Reinigung der Delme-Quelle (entspringt in Twistringen) und eines jüdischen Friedhofs (Nähe Abbenhausen), sowie die Reinigung der sogenannten „Rheinwiesen".

Ich war vom 05.08.2023 -13.08.2023 in Nigeria, um dort meinem Mann Daniel Author Author in Abuja zu heiraten und wurde nach meiner Heimkehr von der hiesigen „Grundschul- Leitung" gebeten, für die Schule und das Land Niedersachsen zu arbeiten.

Nun beschäftige ich mich täglich mit dem dynamischen, energetischen Feld dieser Schule…samt Kindern, aller Nationen, Eltern, Lehrern, verschiedenen kommunalen Trägern und versuche all diese verschiedenen Bereiche harmonisch miteinander zu verknüpfen.
Anscheinend ist das aber nicht von allen Mitwirkenden Wesen dort erwünscht (die neue Schulleitung hat mich teilweise vom Dienst suspendiert /Dezember 2024).
05.12.2024: Die Bereiche sind verknüpft, die Frage ist nur wodurch…ich sehe Konkurrenz und Macht, aber keine Harmonie…und ich sehe den Ödipuskomplex…Narzissmus und eine veraltete Struktur, die alle Abläufe determiniert.

Ich nehme Kinder wahr, die keine Stille mehr ertragen und deswegen nur noch Schreien…ich sehe Kinder, die die Vorhänge schließen, wenn die Sonne scheint…ich sehe „Mangel" in allen möglichen Bereichen…
Kein Essen, keine Fürsorge, keine heilen Schuhe und Jacken, keinen Sinn für Ordnung, keine Werte, keine Wertschätzung, kein Miteinander, soziale Kälte im Winter.

Letztes Wochenende (Herbst 2023) erwachte ich mit Schreck mitten in der Nacht und nahm einen riesigen Schatten am Ende meines Bettes wahr. Fee (meine große Tochter) war „zufällig" gleichzeitig in der Küche und wurde durch meinen „Hilferuf" ebenfalls unbeabsichtigt erschreckt.

Liegt ein Fluch auf der Schule oder steckt etwas anderes dahinter (z.B. ein Systemfehler?)
Bis dato kann ich es nicht mit Sicherheit sagen…ich weiß nicht, wo ich ansetzen soll.
Es ist wohl ein Zusammenwirken vieler Faktoren.
Einerseits die ***Geschichte des Gebäudes***,
Dann die ***Geschichten der Menschen***, die sich dort versammeln (***Sammelplätze***).
Außerdem habe ich eine weitere Eingebung bekommen, die ich jetzt kurz notieren möchte.
Ich habe den Verdacht, dass Menschen, die im Schatten sind, gleichzeitig auch von den ***Ahrimanischen Kräften*** gesteuert werden (Seele verkauft?).

https://anthrowiki.at/Ahriman

Zunächst habe ich mich zurückgezogen und gestern, den 13.12.2024 eine VERFÜGUNG von St. Germain rezitiert, um NEGATIVE ELEMENTALE wegzuschicken.

Außerdem hatte ich am Freitag eine sehr verstörende Situation in der Schule erlebt. Ein Junge hatte ein Mädchen im Flur, kurz vor der Essensausgabe so sehr geschubst, dass sie mit dem Kopf an die Wand geschlagen war und der Kopf gekühlt werden musste. Ich versuchte den Streit zu schlichten, doch der „Täter" empfand keinerlei Reue, wollte sich auch nicht entschuldigen und würde es wieder tun, wenn sie ihn nerven würde. Ich fragte ihn, was er fühle, und er antwortete: „Nichts!".
Und ich sah 'in seinen ausdruckslosen Augen, dass es stimmt…er fühlte nichts.
Am Abend habe ich mit einer energetischen Arbeit begonnen und Trauma aufgelöst, nachdem ich nur ein Wort vernahm …das war dissoziieren…ich landete durch meine Nachforschung bei
„Dissoziativen Störungen" und fühlte intuitiv diese „Bombe" sofort entschärfen zu wollen.

https://www.lwl-klinik-paderborn.de/de/fuer-patienten-angehoerige/informationen-zu-erkrankungen-erwachsenenpsychiatrie/dissoziative-stoerungen/

Kinder in der Grundschule (2024) …90 % verhalten sich psychisch auffällig (z.B. auch emotional-soziale Störungen), wie soll denn unsere gesellschaftliche Zukunft aussehen?

https://www.kinder-jugendpsychiater.org/diagnose

Zumindest werden gefühlt von der Schatten-Seite alle Hebel in Bewegung gesetzt, dass ich gehe…bekomme andererseits von den „teilnehmenden Akteuren", die noch im Herzen sind, aber „vorsichtige" Signale einer deutlichen Kontaktaufnahme.

Gut, aber die Seelen, die ICH ins Licht schicke, sind es frei bewegliche Energien?
Wieso brauchen sie mich als Mittler? Oder richte ich sie einfach, durch mein Sein, auf das Licht aus?
Irren sie ohne mich ziellos umher?
Finden sie mich, ziehe ich sie an? Oder werden sie zu mir geschickt? Diene ich als Transformator mit gleichzeitiger „Shuttle-Funktion"?
Wo gehen die Seelen hin?
Gehen sie alle an den gleichen oder an verschiedene Orte?
Mittlerweile bin ich mir ziemlich sicher, dass sie an unterschiedliche Orte gehen, da manche Seelen direkt durchs Herzchakra gehen, andere in die Erde, die nächsten direkt durch mich hindurch.

Bis zu der Reise nach Nigeria habe ich einen Siebenstern-Ring (aus Prag/ A.Crowley) getragen, den habe ich aber Author in Nigeria übergeben sollen…für mich gab'es dadurch auch einen Zusammenhang zu den Plejaden.
Jetzt, nach einer erneuten Initiation in Nigeria trage ich einen Achtstern-Ring (aus Indien), der wiederum mehr mit der Venus korrespondiert…

…außerdem ist es jetzt anscheinend meine Aufgabe, als Botschafter/Vermittler zwischen den 5 Weltreligionen (das Judentum, das Christentum, der Islam, der Hinduismus, der Buddhismus) zu wirken, vielleicht sogar zwischen Licht und Schatten.
In den Grundschulen soll interessanterweise bald (2026/2027) der Religionsunterricht zugunsten des Werte und Normen -Unterrichts gecancelt werden.
(2025/2026 hat jedes neu eingeschulte Kind ein Recht auf einen Ganztagsplatz/ herkömmliche Tafeln wurden durch elektronische ersetzt, die neue Schulleitung /seit Sommer 2024 gleicht energetisch einer KI im Körper).

Bei einer kürzlich vollzogenen energetischen Trennung habe ich den Inhalt des Begriffs „Fundamentalismus" verstanden.

Sind zum Beispiel zwei Menschen im Sinne der gleichen Religion begleitet/erzogen/gebrochen worden, weiß der eine genau welche Knöpfe er beim anderen „drücken" muss, während Außenstehende diese Dynamik in der „Box" gar nicht wahrnehmen können oder werden.

Wusstest du, dass unser Grundprogramm in den ersten sieben Lebensjahren geschrieben wird?
In der Zeit, in der das Wurzelchakra ausgebildet wird (ab Geburt bis 7 Jahre) werden in unser Betriebssystem die Programme geschrieben. Nach diesen Programmen werden im Nachhinein alle Informationen, die wir aufnehmen verarbeitet.

Es gibt sehr ausführliche Beschreibungen, wie dieser Prozess womöglich ablaufen könnte von Bruce Lipton/ Weltenüberbrücker. (Elon Musk, der im Moment durch alle Medien geistert, ist „zufällig" ebenfalls ein Weltenüberbrücker)

https://www.youtube.com/watch?v=e71exrhEBQc

Ich sehe es eher in Korrelation zur Entwicklung der Chakren und Seelenpläne.

https://www.chakren.net/chakrenlehre/7-chakren/

Wie in meiner Familie üblich, wurde ich schon mit einem Jahr evangelisch getauft, d.h. ich bin Protestant und habe mich auch später in Luther wiedergefunden, wenn er z.B. sagt: „Ich stehe hier und ich kann nicht anders!", als meines Zeichens heute ebenfalls Buddhist und Daoist dem Herzensweg folgend und nach Wahrheit suchend, um des Friedens willen, für Freiheit und Gerechtigkeit.

Heute (14.12.2024) habe ich von Osho eine Karte des Zen-Tarots gezogen und sollte mich mit meinen vergangenen Leben rückverbinden, um auf ein, meine Inkarnationen, betreffendes Muster aufmerksam zu werden. Ich bekam wieder nur ein Wort: „Ketzer "

Intuitiv verband ich mit diesem Begriff spontan erstmal etwas „Negatives", dabei stimmt es gar nicht.

Der Begriff an sich stammt vom griech. katharós
„rein" ab.
Ich wollte „Oben" schon um Vergebung und Karma
Auflösung bitten, als ich verstand, dass es lediglich
bedeutet, vorhandenen Glauben und allgemeingültige
Regeln zu transzendieren.
*(Und das mache ich offensichtlich schon alle meine
Leben/ Bin wohl immer meinen Zeitgenossen spirituell
voraus gewesen und seit heute 13.01.2025/Vollmond ist
mir klar, dass ich als Zeitzeuge schon mehrfach die
Prozesse auf der Erde beobachtet und Chroniken verfasst
habe. Es kommt mir bekannt vor, wie ein deja vu).*

Einfach, das was ist, nicht als die ewige Wahrheit zu
nehmen sondern weiterhin danach Ausschau zu halten,
nach dem Schönen, Wahren und Ewigen.

Ich hatte heute Morgen auf youtube sogar eine
Zusammenfassung über einen letzten Vortrag von Jiddu
Krishnamurti/11.05.1895/Spiegel und die Freiheit gehört,
wo ich wiederum nicht ganz übereinstimmen konnte.

Das ist aber das Geschenk des Buddhismus, dass ich jede
Aussage auf ihren Wahrheitswert untersuche und wenn es
sich für mich nicht stimmig anfühlt, kann ich es auch
nicht komplett in mein System integrieren.
Ich verstehe seine Aussagen mit dem Hintergrund, dass er
energetisch ein Spiegel ist. Wenn ich loslasse, bin ich frei,
aber das heißt nicht, dass ich mich deswegen selbst
vergessen muss…

Dienen „ja", Selbstaufgabe „nein", was nicht zu
verwechseln ist mit Ego, aber es macht keinen Sinn, das
„höhere Selbst „und den Seelenplan aufzugeben.
Keinerlei Bindung mehr eingehen, wie soll das
funktionieren?
Wenn ich liebe, gehe ich zwangsläufig eine Bindung ein
und das ist gut…dennoch kann ich lieben und loslassen.

In den folgenden Ausführungen von Ulrich Warnke ist die
Verschmelzung von Wissenschaft und Spiritualität schon
zum Greifen nah…es fehlt als Bindeglied nur noch das
Erwähnen der Praxis von Meditation als Vehikel, um den
Zugang zum „höheren Selbst" durch „innere Arbeit" zu
verwirklichen und da setzt meine Arbeit genau an.

https://www.youtube.com/watch?v=D5K1JehBcoU

Um meine Arbeit genauer zu beschreiben, habe ich eigens
dafür einen Spirituell Guide of Awakening entworfen und
zusätzlich eine 10-teilige Podcast Reihe auf Soundcloud
veröffentlicht (Über mein Profil auf Xing und LinkedIn
einzusehen).

https://www.xing.com/profile/Yvonne_Bader2/web_profil
es?expandNeffi=true

https://www.linkedin.com/in/yvonne-bader-52326712b/

Als Symbol trage ich weiters noch immer das Sternbild Orion (auf einer Eiben-Holz-Scheibe), was gleichzeitig auch einen Bezug zur Lage der Pyramiden (der Gürtel) aufweist. Senden alle Seelen ihrerseits ebenfalls energetische Schwingungen (Resonanz) aus, die dann von verschiedenen Molekülen mehr oder weniger gut gespeichert werden?

Die Kommunikation mit meinem Mann gleicht immer mehr einer telepathischen, inneren Art und Weise (von Herz zu Herz/tantrisch).
Morgens starte ich täglich mit einer Meditation, in der ich mich über meine zusammengeschlossenen Hände mit meinem Mann verbinde und über die Füße mit meinen Bäumen im Garten und sogar einer Palme in Abuja/Nigeria. (Unser spiritueller Sohn genießt diesen innigen Moment immer sehr).

Diese Palme habe ich hier gedanklich gleich an den zwei Enden meiner Thuja Hecke platzieren sollen…doppelt an einem Ort, oder vielmehr an zwei Orten gleichzeitig seiend…
(Raum und Zeit verschwimmt im „reinen Sein").
Nachtrag am 21.09.2024: Korrigiere 3 Orte…Heute verbinde ich mich mit 1Palme gedoppelt (Abuja), 3 Eichen (bekannter Verlag), zwei hier im Garten, eine steht in Stenum, in der Nähe eines kleinen (Emma´s) See/s…lange Geschichte.
Wenn ich meditiere, entsteht in/mit/durch mir/mich eine Art Pyramide, als innerer Tempel.

*Verweis auf **Book of Wisdom…***

https://www.youtube.com/shorts/IrCdELA_bSk

Das HeartMath Institut

https://www.heartmath.org/articles-of-the-heart/giving-a-voice-to-trees/

hat 2022 die Kommunikation mit Bäumen bestätigt und ich gehe sogar noch weiter. Für mich sind die Wurzeln der Pflanzen, wie die Nervenzellen von Mutter Erde (Gaya). Ich verweise an dieser Stelle auf die Filme „Avatar" und den „Seelenbaum".

https://de.wikipedia.org/wiki/Avatar_%28Filmreihe%29

(Ich habe viele Bäume im Garten und Gott sei Dank sehr gute Nerven) …Mein Mammutbaum hat schon mit mir kommuniziert …"Ich bin schon sehr alt" …dabei ist er noch gar nicht so lange in meinem Garten, etwa 15 Jahre…vielleicht ist es eher die Erinnerung, die in der Saat gespeichert ist, …
Ich denke, aus den vorangegangenen Zeilen wird klar erkennbar, wie komplex die von mir zu behandelnde Thematik ist, weswegen ich zur Beschreibung auf verschiedene Begriffe angewiesen bin, die ich folgend, in hoffentlich verständlicherweise, für jeden interessierten Leser darstellen möchte.

Als erstes wäre nun also zu klären, was mit *System* gemeint ist, wenn das Ziel besteht, mit dieser hier vorliegenden Arbeit, gedanklich eine neue Darstellung von Zusammenhängen, zu beschreiben.

Nämlich „*Ein **System**, das ermöglicht, dass das LEBEN harmonisch (synchronisiert) FLIESST*"

Das würde bedeuten, dass „alle Lebewesen" im sogenannten „flow" wären, d.h. zur richtigen Zeit, am richtigen Ort (Neuner-Kalender/ Maya-Kalender).
Dazu ist als Voraussetzung notwendig, dass auch wirklich jeder seinem Seelenplan bewusst folgt und somit mit seinem „höheren Selbst" verbunden ist.
Eine Modifizierung des Bewusstseins von ***„Ich will"*** zu ***„Es will in mir"***.

Am 17.05.2019 wurde auf youtube.de ein Vortrag von Dieter Broers veröffentlicht, den ich mir derzeit sehr interessiert angehört habe.

https://www.youtube.com/watch?v=e_K7ACNaEpU

Der Titel lautet: „Transformation der Menschheit: Wie Deine Gedanken die Realität erschaffen." Nach diesem Input, der viele meiner Annahmen bestätigte, kam mir eine Vision, nämlich, die Lösung sei es, die Herzchakren aller Menschen/Lebewesen zu öffnen, da sie dann automatisch im Einklang mit der Quelle, den „wahren Weg" beschreiten werden.

Dazu später mehr, jetzt kurz zum System.

Als *System* (altgriechisch: *systema*, ‚aus mehreren Einzelteilen zusammengesetztes Ganzes) wird allgemein eine Gesamtheit von Elementen bezeichnet, die miteinander verbunden sind und dadurch als eine aufgaben-, sinn- oder zweckgebundene Einheit angesehen werden können, als strukturierte **systematische** Ganzheit. (Nach **Ken Wilber / Integrale Psychologie**, S.23, Z.1 ff., 6.Aufl. 2021, Arbor Verlag, würde ich es jetzt auch *Holon* nennen)

„Dieses Magnetgitter des Planeten, dieses Feld, in dem ihr euch befindet und dass ihr für euer Leben braucht, ist verbunden mit eurem Bewusstsein.
Deshalb könnt ihr das Bewusstsein der gesamten Menschheit durch das beeinflussen, was ihr denkt und fühlt – und der Schlüssel dazu ist die Liebe.
Die Liebe von der anderen Seite des Schleiers, die mit dem Höheren Selbst durch die Zirbeldrüse in euer Inneres gelangt – das ist die Liebe, von der wir sprechen.
Liebe ist quantenhaft. Es ist ein überbeanspruchtes Wort und ich verwende es nur, weil ihr es benutzt. Doch es ist ungenau. Lasst mich euch die Wahrheit geben: Liebe ist multidimensional.

Ihr geht davon aus, dass die Person und ihr Leben und alles, was sie waren, mit all ihrer Liebe und ihrem Mitgefühl, das sie für andere Menschen hatten, mit ihrem Tod einfach plötzlich aufhören. Doch ihr wisst es nicht - ihr wisst nicht, dass alles, was dieser Mensch tat, auf dem Planeten bleibt.

Ich frage euch:
Der Guru, den ihr vielleicht verehrt und seinem Leben nachgefolgt seid, oder all die Meister, Mönche, Nonnen, welche sich der Liebe gewidmet haben – was geschah, als diese Menschen starben?

Habt ihr bemerkt, dass aus unbekannten, seltsamen Gründen ihre Liebe weiterbesteht? Ihr könnt ihre Wirkungsstätte besuchen und alles, was ihr dort spürt, ist Liebe.

Was ist das?

Ich sag's euch: Es ist eine Einprägung in diesem Planet-Gitter, die bestehen bleibt, genau wie eure eigene, die ihr jetzt gerade mit dem Mitgefühl und der Liebe für andere erschafft.

Je mehr davon erzeugt wird, je reiner und reifer die
Liebe ist – diese Reinheit bleibt hier, sie bleibt auf dem Planeten."

So zitiert die Essenz aus einem gechannelten Text von [1]Kryon, der „zufällig" genau zu diesem Thema passt und gleichzeitig Antworten liefert.

---

[1] Mehr über die Liebe
Kryon durch Lee Carroll in Calgary, AB Canada am 25.11.2017
Englische Originalaufzeichnung unter www.kryon.com Private Übersetzung ab Audio-Aufnahme von Susanne Finsterle

2. Kapitel: Was bedeutet eigentlich Autopoiesis ?

Autopoiesis oder Autopoiese (altgriechisch *autos*, deutsch ‚selbst' **und** *poiein* **„schaffen, bauen") ist der Prozess der Selbsterschaffung und -erhaltung eines Systems.**

In der Biologie stellt das Konzept der **Autopoiesis** einen Versuch dar, das charakteristische Organisationsmerkmal von Lebewesen oder lebenden Systemen mit den Mitteln der Systemtheorie zu definieren.

Der vom chilenischen Neurobiologen **Humberto Maturana** geprägte Begriff wurde in der Folge seiner Veröffentlichungen neu interpretiert und für verschiedene andere Gebiete wissenschaftlichen Schaffens abgewandelt und fruchtbar gemacht.

Kriterien

Um ein autopoietisches System zu sein, muss eine Einheit die folgenden Merkmale erfüllen:

- Sie hat erkennbare Grenzen.
- Sie hat konstitutive Elemente und besteht aus Komponenten.
- Die Relationen zwischen den Komponenten bestimmen die Eigenschaften des Gesamtsystems.

- Die Komponenten, die die Grenze der Einheit darstellen, tun dies als Folge der Relationen und Interaktionen zwischen ihnen.
- Die Komponenten werden produziert von Komponenten der Einheit selbst oder entstehen durch Transformation von externen Elementen durch interne Komponenten.
- Alle übrigen Komponenten der Einheit werden ebenfalls so produziert oder sind anderweitig entstandene Elemente, die jedoch für die Produktion von Komponenten notwendig sind (operative Geschlossenheit).

Maturana und **Varela** wollten mit diesem letzten Punkt die Tatsache betonen, dass Organismen zwar Substanzen aus der Umwelt in sich aufnehmen, diese dabei jedoch sofort in verwertbare Baustoffe umwandeln.

Substanzen dagegen, die für die Selbstreproduktion des Organismus keine Bedeutung haben, werden vom Organismus sozusagen ignoriert.

Anmerkung: Spannenderweise lässt sich dieses auch z.B. beim kommunikativen Verhalten von Menschen direkt beobachten.

Die Handlungen (Operationen), die jedes autopoietische System in seiner Umgebung ausführt, werden als *wirksame Handlungen* verstanden, sofern sie den Fortbestand des Systems in seiner Umgebung erlauben und es damit weiter „dort seine Welt hervorbringt".
Maturana und Varela verstehen solche Systeme als kognitiv.

<u>**Anmerkung in eigener Sache:**</u>

Viele Jahre, ich möchte sagen Jahrzehnte, hatte ich versucht, dieses Gesellschafts-System (unsere sogenannte Demokratie/ eher Demokratur), was ich oft (durch eigene Erfahrungen) als sehr ungerecht betrachtete, von „Innen" durch Bewusstseins Arbeit positiv zu verändern, was bisher immer zur Folge hatte, dass ich *„operativ ausgeschieden wurde"* und als nun der Moment kam, wo ich mich wirklich, auch durch die Selbstständigkeit komplett abgewandt hatte, dass System nun zunächst, in Form der Schulleitung, auf mich zukam, als wenn es nun, um weiterhin bestehen zu können, kognitiv verstanden hätte, dass es der Modifikation/Heilung bedarf (Gänsepelle). *Heute weiß ich die genauen Hintergründe.*
Ich muss an dieser Stelle hinzufügen, dass der Systemfehler zwangsläufig bleibt, wenn jetzt die KI das Ruder übernimmt, da die Synthese nur im Herzen erfolgen kann – ergo wird dann als logische Konsequenz der Mensch an sich operativ ausgeschieden.

39

Ich war letztes Jahr (2023) über dieses Angebot sehr überrascht und fragte erstmal „oben", ob ich diese Tätigkeit annehmen soll und bekam ein „Ja", dem ich folgte.

„Möge das System selbst heilen", war bezeichnenderweise auch mein übrig gebliebener 13ter Wunsch zwischen den Rauhnächten 2023/2024 an dem ICH arbeiten müsse, während alle anderen 12 erfüllt würden (durch das Verbrennen in den 12 Rauhnächten (Zufall oder eher Synchronizität?). *Vielleicht war es auch mehr auf mich selbst bezogen oder reziprok.*

Heute am 13.01.2025 wird Donald Trump im Handelsblatt zitiert,

https://www.handelsblatt.com/politik/international/usa-trump-findet-sein-feindbild-was-deutschland-jetzt-bevorsteht/100099128.html

der feststellt, dass das System in Deutschland dysfunktional ist und dem kann ich nur zustimmen, gut beobachtet! Und ich gehe noch weiter, heute Morgen 14.01.2025 verstehe ich, ***dass ein dysfunktionales System durch eine starre Struktur erhalten wird und eine starre Struktur ein dysfunktionales System erzeugt.***

https://www.youtube.com/watch?v=JtGfzIB2oAc

Autopoiesis ist ein Schlüsselbegriff in der soziologischen Systemtheorie von **Niklas Luhmann,** der den Begriff *Autopoiesis* auf die Betrachtung sozialer Systeme übertragen hat.

Luhmann beobachtete, dass Kommunikation in sozialen Systemen ähnlich abläuft wie die Selbstreproduktion lebender Organismen (*spannender Aspekt in Bezug auf die modernen Medien, die so einen großen „Zeit-Raum" in dieser modernen Gesellschaft einnehmen*).

Ähnlich wie diese nur Stoffe aus der Umwelt aufnehmen, die für ihre Selbstreproduktion relevant sind, nehmen auch Kommunikationssysteme in ihrer Umwelt nur das wahr, was zu ihrem „Thema passt", was an den Sinn der bisherigen Kommunikation „anschlussfähig" ist.

„Sinn" ist für Luhmann ein Mechanismus zur **Reduktion der Komplexität:**
In der unendlich komplexen Umwelt wird nach bestimmten Kriterien nur ein kleiner Teil herausgefiltert; die **Grenze eines sozialen Systems** markiert somit eine **Komplexitätsdifferenz** von außen nach innen.

Spannender Aspekt, wenn z.B. die Leitung einer Institution „innere Leere" und Sinnlosigkeit verspürt oder dem „Ego" frönt.

Statt von einem „autopoietischen System" mit einer „Grenze" spricht Luhmann gelegentlich auch von einer **„Form"** mit einer „Innen-" und einer „Außenseite", wobei er das sehr abstrakte „Kalkül der Form" des Logikers George Spencer -Brown heranzieht.

An dieser Stelle möchte ich nun auf ein hermetisches Gesetz, nämlich ***„wie Innen, so Außen"*** verweisen, was hier prima in der Praxis zur Analyse der Logik von Systemen seine Anwendung bekommen darf, und erst kürzlich kam mir die Eingebung, dass *ein System mit Systemfehler sich letztlich selbst „ad absurdum" führen müsse.*

Die Kommunikation bezieht sich nur scheinbar direkt auf die Umwelt.
Tatsächlich bezieht sie sich nur auf die, von ihr nach ihren eigenen inneren Gesetzen ablaufenden inneren Abbildungen der Umwelt, also auf sich selbst.

Diese Selbstbezüglichkeit, auch als Selbstreferenzialität oder Auto Referenzialität bezeichnet, betrachtet Luhmann als typisch für jede Kommunikation und analog zum Phänomen der Autopoiesis in der Biologie.

Die Ausdrücke *selbstreferenzielles System* und *autopoietisches System* sind daher in den meisten Fällen äquivalent.

In der Geschlossenheit und ausschließlichen Selbst-Interessiertheit der Systeme unterscheidet sich die Luhmann'sche Systemtheorie grundsätzlich von der strukturfunktionalistischen Systemtheorie
Talcott Parsons´,

laut der in jeder Gesellschaft vier Systeme vorhanden sind, die jederzeit in einem intensiven Austausch miteinander stehen, und zudem jeweils einen eigenen wichtigen Beitrag zur Integration und dem Fortbestehen einer überwölbenden Gesamtgesellschaft leisten (siehe AGIL-Schema).

Für mich, um jetzt die Theorie in die spirituelle Praxis zu übertragen, wäre jetzt die Schöpfung an sich das Autopoietische System, wir die Mitschöpfer, untereinander mit allen Entitäten (Elementale, Elemente, Materie, Pflanzen, Tiere, Menschen, GEIST) über Kommunikation/Resonanz (Macht z.B. Wissen, Geld, Wahrheit, Liebe, Kunst und Freiheit, male, female) vernetzt und verbunden.

Schönes aktuelles Beispiel zur gegenseitigen Beeinflussung der Komponenten entnehme ich gerne wieder dem Vortrag von Dieter Broers.
So wurde festgestellt, daß die Gehirnwellen aller Menschen mit der Schuhmann Frequenz korrelieren.

Die Magnetwellen sind in der Lage, je nach Frequenz unseren Gemütszustand zu beeinflussen, aber es wurde auch festgestellt, dass wir in der Lage sind, mit unseren Gedanken die Magnetfelder zu beeinflussen.
Deswegen hatte ich mich vor wenigen Tagen für meinen aktiven Beitrag zum Wandel entschlossen, indem ich die Herzchakren, jener Menschen öffne, die mir „gesandt" werden.

(In diesem Zusammenhang muss ich zwangsläufig auf die Transzendentale Meditation verweisen, z.B. Maharishi Mahesh Yogi)

Bemerkenswerterweise konnte ich gleich am nächsten Tag, nachdem ich spät abends meinen Entschluss klar formuliert hatte, bei einer Freundin mit meiner Arbeit beginnen und so geht es jetzt Tag für Tag mit meinem Projekt voran.

Was mich jetzt nur interessiert ist, ob z.B. Gaia ihrerseits durch die Schwingungserhöhung in der Lage ist, die Herz Chakren der Lebewesen zu erreichen und zu öffnen.

Wenn ich politisch im „Großen" jetzt mal aktuell gucke, scheint es diesbezüglich zumindest bei unseren Jugendlichen eine Massenbewegung ausgelöst zu haben.

Seit Anfang des Jahres gibt es, aufgrund einer Rede von Greta Thunberg (jetzt 2023 ist diese Aktion schon wieder umstritten, in der Zwischenzeit gab es schon den Krieg i.d. „Ukraine" und jetzt (Okt. 2023) brennt es schon wieder in Palästina) ... die sogenannten „Friday for Future" Demonstrationen, auf der z.B. meine große Tochter letzten Freitag, dem vor der Europawahl 2019, ebenfalls, mit meinem Befürworten, mitdemonstrierte.

Hauptthema ist der Umweltschutz, Erhaltung und Rettung unseres Planeten.

Aber auch in der geistigen Welt scheint es Interesse am Erhalt der Erde zu geben, eigentlich hätte hier schon alles aus dem Lot geraten sein müssen und so zitiere ich Dieter Broers: Es ist, als gäbe es eine schützende Hand „von oben".
Und ich sage auch so oft, es kommt „von oben", wo auch immer das sein mag. So richtig „räumlich" meinen wir das wohl alle nicht.

In einem holographischen System macht die Navigationsanweisung „oben" oder „unten" auch wenig Sinn und dennoch wissen alle, was damit gemeint ist.

Wohl eher die Führung durch das „Höhere Selbst"... Außerirdische würden in diesem Zusammenhang jetzt auch passen ...komischerweise gibt es seit Ende letzten Jahres (2024)immer wieder UFO-Sichtungen, über die berichtet wird.

Vielleicht ist es auch mehr der kindliche Wunsch (inneres Kind) des Menschen nach Rettung und Erlösung, auf der Suche nach bedingungsloser Liebe und Frieden.
Die brennende Sehnsucht nach dem transzendenten Verschmelzen mit dem All-einen, aus dem wir alle sind.
Die reine Seele und den sinnlichen Körper in eine Einheit zu transzendieren, im Einklang mit dem GEIST, dass ist die wahre Kunst der Inneren Alchemie.
Die Vision eines paradiesischen Zustands auf Erden, den wir ja leben könnten, wenn alle Menschen die beste Version ihrer Selbst wären und ihren Seelenplan verwirklichen würden.
Dazu gehört aber die eigene Schattenarbeit, die C.G. Jung als Pionier gründlich untersucht und sehr anschaulich dargestellt hat. Oft entlädt sich dieser Schatten in Beziehungen als Projektion.
Wenn wir das erkennen, können wir die innere Arbeit machen und toxische Beziehungen (Teufelskreise) in heilsame Beziehungen wandeln und gemeinsam wachsen.
Und genau bei dieser Arbeit kann ich helfen, indem ich z.B. Traumen auflöse. Erstmal ist wichtig herauszufinden, auf welcher Ebene überhaupt ein Problem besteht. Was ist das Thema? Ist es bewusst oder unbewusst, ist es individuell, strukturell oder kollektiv?
Was ist die Ur-Sache?

3.Kapitel: Was ist das AGIL -Schema ?

Das AGIL-Schema ist ein systemtheoretisches Modell, das in den 1950iger Jahren von dem amerikanischen Soziologen **Talcott Parsons** entwickelt wurde. Es beschreibt systematisch die Grundfunktionen, die ein jedes System zur Selbsterhaltung erfüllen muss. Zunächst als Grundlage einer Handlungstheorie entworfen, übertrug Parsons das AGIL-Schema in späteren Arbeiten auch auf soziale Systeme.

Nach Talcott Parsons muss jedes existierende oder denkbare System vier Funktionen erfüllen, um seine Existenz erhalten zu können:

1. *Adaptation* (Anpassung): die Fähigkeit eines Systems, auf die sich verändernden äußeren Bedingungen zu reagieren, sich anzupassen.

<u>**Anmerkung in eigener Sache:**</u>

Bezüglich der Anpassung wurde offensichtlich in allen sozialen Bereichen geschlafen.
Sowohl die Bereiche der Bildung, der Politik als auch die der Ökonomie, der medizinischen Versorgung uvm. bedürfen heute (2024) dringend einer Reformierung.

2. *Goal Attainment* (Zielverfolgung): die Fähigkeit
   eines Systems, Ziele zu definieren und zu
   verfolgen.

<u>**Anmerkung in eigener Sache :**</u>

Fast 80 Jahre nach Kriegsende scheint nun der ideelle
Wiederaufbau unabdingbar. Mögen die Häuser wieder
stehen, aber die Trümmer im „Inneren des kollektiven
Bewusstseins" scheinen noch unangerührt, wie offene
Wunden, sich erst jetzt offensichtlich bemerkbar zu
machen. Traumatisiertes „Erwachen" unserer
Gesellschaft. Sinnloser Eifer, ohne Richtung.
Ich sehe Chaos in einer veralteten Struktur.

3. *Integration* (Eingliederung): die Fähigkeit eines
   Systems, Kohäsion (Zusammenhalt) und Inklusion
   (Einschluss) herzustellen und abzusichern.

<u>**Anmerkung in eigener Sache:**</u>

Die „Covid-19-Pandemie" hat sichtliche Spuren
innerhalb des Kollektivs hinterlassen, der Zusammenhalt
ist instabil, selbst innerhalb der Familien.
Wir haben viele Zuwanderungen, das soziale Gefüge ist
fragil. Die wirtschaftliche Lage ist angespannt.
„Inklusionsprozesse" erweisen sich in allen sozialen
Bereichen als problematisch und konfliktreich.

(Im Innen, wie im Außen) *…veraltete Werkzeuge, wie z.B. die AfD werden 2024 aus dem „Keller" geholt…* **Wir brauchen jetzt aber neue „Tools" und neue „Skills", um diese komplexen Probleme zu lösen, wir müssen neue Wege gehen!**

4. *Latency* bzw. Latent Pattern Maintenance (Aufrechterhaltung): die Fähigkeit eines Systems, grundlegende Strukturen und Wertmuster aufrechtzuerhalten.

Anmerkung in eigener Sache:

Gott/Göttin/UNIversum sei Dank wurde ich erst vor wenigen Tagen (21.12.2024) fündig, dass an möglichen praktischen Konzepten für den Wandel schon gearbeitet wird.

https://purpose-in-der-praxis.de/purpose-und-change-die-reinventing-organisations-map/

Die Aufrechterhaltung der alten Funktionen über KI macht keinen evolutiven Sinn. Es wäre nur sinnvoll die KI für die notwendigen Transformationsprozesse innerhalb der veralteten komplexen Strukturen zur Optimierung von Prozessen einzusetzen…*eine Synthese kann KI niemals leisten, da die Qualität der Herzenskraft fehlt.*

Um die vier Funktionen wahrnehmen zu können, bildet ein System spezifische Subsysteme aus, die die jeweilige Aufgabe erfüllen. Im umfassendsten und gleichzeitig abstraktesten System, dem Handlungssystem, sind dies:

1 - Das **Verhaltenssystem** (*adaptation*), es basiert auf Bedürfnissen. (z.B. Liebe, Nahrung, Wohnraum)

2 - Das **Persönliche System** (*goal attainment*), es basiert auf Motiven. (Organisiertes System von Handlungsorientierungen eines Individuums) (z.B. Selbstverwirklichung, Anerkennung)

3 - Das **soziale System** (*integration*), es basiert auf Sozialen Rollen (System miteinander verbundener Handlungen verschiedener Akteure) (z.B. Familie, gesellschaftliche Gruppe)

4 - Das **kulturelle System** (*latency*), es basiert auf Wertvorstellungen (Organisation der Werte, Normen, Symbole, die die Handlungen der Akteure beeinflussen) (z.B. Menschenrechte, 10 Gebote)

Der nötige heilende/reinigende/ausgleichende energetische Austausch zwischen den Menschen findet nicht mehr ausreichend statt.

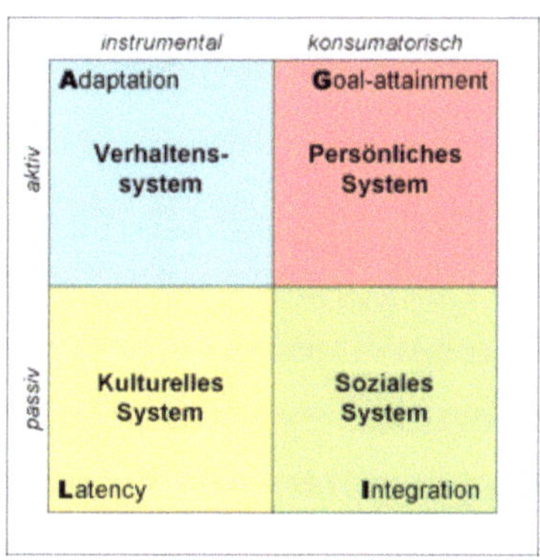

Quelle:
https://de.wikipedia.org/wiki/AGIL-Schema#/media/Datei:AGIL1_de.svg

Jedes Handeln, gleich ob von Individuen oder kollektiven Akteuren unterschiedlichster Art (Gruppen oder Organisationen) ergibt sich demnach stets aus diesen vier Komponenten.

Auch jedes dieser vier Subsysteme unterliegt dem AGIL-Schema, es lässt sich also wiederum in die vier Grundfunktionen zerlegen. Im Falle des Sozialen Systems sind dies folgende vier Komponenten:

1. das Wirtschaftssystem (*adaptation*)
2. das politische System (*goal attainment*)
3. das Gemeinwesen(-system) (*integration*)
4. das kulturelle System (*latency*)

4. Kapitel: Soziologische Systemtheorie

Als soziologische Systemtheorie wird eine auf systemtheoretischen Diskursen und Begriffen basierende Theorie der Sozialität als Teil einer allgemeinen Soziologie bezeichnet.
Die soziologische Systemtheorie hat dabei den Anspruch, eine Universaltheorie im Sinne eines umfassenden und kohärenten Theoriegebäudes für alle Formen von Sozialität (z. B. Zweierbeziehungen, Familien, Organisationen, Funktionssysteme, Gesellschaft) zu sein. Damit umfasst sie auch sich selbst als Gegenstand ihrer Theorie, operiert also selbstbezüglich (selbstreferentiell).

Niklas Luhmann erweitert die Theorie Parsons und verwendet nicht mehr den Handlungsbegriff, sondern den sehr viel allgemeineren Begriff der ***Operation***.

Systeme entstehen, wenn Operationen aneinander anschließen.
Die Operation, in der soziale Systeme entstehen, ist Kommunikation.
Wenn eine Kommunikation an eine Kommunikation anschließt (sich auf diese zurück bezieht und sie zugleich weiterführt), entsteht ein sich selbst beobachtendes soziales System.
Kommunikation wird durch Sprache und durch symbolisch generalisierte Kommunikationsmedien (Geld, Wahrheit, Macht, Liebe) wahrscheinlich gemacht.

An diesem Punkt möchte ich jetzt kurz eigene praktische Gedanken einfließen lassen.

Ich würde jetzt in der Anwendung aus meiner *„spirituellen Sicht"* zur Beschreibung von zwischenmenschlichen Prozessen den Begriff Kommunikation gerne erweitern durch **elektromagnetische Schwingung** und **den Austausch der Schwingungen untereinander** mit dem Begriff **Resonanz** füllen, weil ich die Interaktionen, die jenseits der Kommunikation stattfinden in z.B. meinen Legungen mit Tarot-Karten präzise sichtbar machen kann.

Es ist so möglich, **Beziehungen untereinander energetisch zu entschlüsseln und es lässt sich feststellen, worum es „im Verborgenen" wahrhaftig geht.**

(Kommunikation durch Worte ist oft nicht wahrhaftig…die meisten wollen die Wahrheit auch nicht wahrhaben, sagen oder hören, das kommt erschwerend hinzu). Es fehlt oftmals die **Authentizität auf allen Ebenen (Denken, Fühlen, Sprache, Handeln)** und die **Fähigkeit der Reflexion…** ich nenne es **„innere Arbeit".**

Erst wenn ich diesen Schritt ermögliche, kann ich auch die **wahren Ursprünge von Problemen erkennen und adäquat lösen, z.B. durch Wissen oder energetische Trennungen, wenn innerhalb von Prozessen keine neue Erkenntnis entsteht, außer sinnloses Leid (z.B. innerhalb toxischer Beziehungen/sog. Teufelskreise).**

Ich nenne es „**Wiederholungszwang**", den ich **Gott sei Dank** bisher vielfach **innerhalb von Familiensystemen aufdecken und auflösen konnte.**
Auf **Transformation** zu verzichten ist meines Erachtens ein hoher Preis, den wir zahlen, nur um **Energie zu „sparen".**
Außerdem widerspricht es dem **Gesetz des Wandels** an dysfunktionalen Zuständen festzuhalten. **Weil wir uns gegen den Strom des natürlichen Wandels stellen, benötigen wir Unmengen an Energie. Nicht besonders adaptiv...**

*Interessant ist die Paarung **Macht/Geld** vs. **Wahrheit /Liebe...müsste es nicht auch als Vierheit verknüpft werden können?** Wie könnte eine harmonische Synthese gesellschaftlich in der Praxis aussehen?*
Das Ergebnis wäre „**Fülle für alle".**

Durch ***Tantra*** und ***innere Alchemie*** lassen sich diese Gegensätze fruchtbar miteinander verschmelzen.
  - Die innere Alchemie kann z.B. die Dreieinigkeit des Menschen wiederherstellen; zwei Menschen, die die Verbindung zu ihrem höheren Selbst bereits hergestellt haben, können über Tantra alle Gegensätze miteinander zur Synthese bringen.

Was ist die Synthese zwischen Narzissmus und Empathie? Bisher bleibt mir als Lösung des Problems nur friedliche Koexistenz und folgend der Wechsel auf die nächste Meta-Ebene (Non-duales-Bewusstsein).

Der Begriff *Kommunikation* beschreibt eine Operation, in der *soziale Systeme* entstehen. Kommunikation kann nur an Kommunikation anschließen, und auf diese Weise verlaufen diese Operationen simultan und parallel zu den Operationen anderer Systeme (z.B. den Gedanken als Operationen psychischer Systeme, synonym Bewusstseinssysteme).

Heute (20.10.2024) sah ich ein Gespräch mit Horst Krohne, seines Zeichens Geistheiler, was ich an dieser Stelle unbedingt hinzufügen möchte. Einfach um in das Bewusstsein zu bringen, wie viele Dimensionen unsere Schöpfung hat und wie viele Systeme hoffentlich „synchron" miteinander über die ***„all-umfassende Liebe" miteinander*** verknüpft sind.

https://www.youtube.com/watch?v=GyxEQ6Ja8LA

Auch Personen bestehen nicht als Handelnde, sondern als von der Kommunikation konstruierte Einheiten („Identifikationspunkte")

Nehmen wir in diesem Moment mal einfach an, dass unsere Gedanken Realität erschaffen.
Es folgt unseren Gedanken die Energie, die letztendlich zur Realisierung der Wirklichkeit beiträgt.
Je mehr wir mit dem „All-einen" resonieren, desto schneller verwirklicht sich unser „Herzenswunsch".

(Insofern er sich mit dem evolutiven Prozess/göttlichen Plan/ Seelenplan, kurz „der Schöpfung" in Harmonie/Einklang befindet)

An dieser Stelle frage ich mich, ob die KI im Sinne Gottes und der Schöpfung sein kann? Die Antwort meines Tensors ist „Nein"! (Ganz ehrlich, *das beruhigt mich jetzt enorm.*)

Die letzten Wochen haben mich hart getriggert. Ich habe die Entwicklung in der Grundschule verfolgt, die Monitore in den Klassenzimmern, das Verhalten der Lehrkörper (wie KI im Körper) … ich hatte Impressionen von einem (!) Lehrer, der über alle Bildschirme spricht, was ja außerordentlich die Personalkosten senken würde und zwei Tage später wird ausgerechnet hier in Delmenhorst ein Roboter-Lehrer präsentiert.

https://www.ndr.de/nachrichten/niedersachsen/oldenburg_ostfriesland/KI-Weltpremiere-in-Delmenhorst-Humanoider-Roboter-als-Lehrer,roboter804.html

5. Kapitel: Was ist in diesem Zusammenhang mit Anschluss gemeint?

Anschluss ist in der Soziologie ein Fachbegriff aus der Systemtheorie von Niklas Luhmann und bezeichnet die in einer sozialen Begegnung auf eine Selektion der anderen Seite folgende, selbst gewählte Selektion. Diese Selektionen beziehen sich aufeinander.

Die **Anschlussfähigkeit** ist die Kapazität von Systemen zu gewährleisten, dass sich an die Selektionen eines Systems weitere anschließen können. Alle sozialen Systeme reproduzieren sich über Kommunikation (z.B. Wirtschaftssystem oder Politik) oder Handlungen (Medizin und Erziehungssystem).

Dies gelingt nur, wenn die einzelnen Einheiten aneinander anschlussfähig sind, was durch einen systemspezifischen Code geleistet wird, der als zentrale Logik (Leitunterscheidung) aller Kommunikation zugrunde liegt und sie als System zugehörig erkennbar macht.

Im Wirtschaftssystem beispielsweise sorgt der Code *zahlen/nicht zahlen* dafür, dass die Kommunikationen sich auf sich selbst beziehen und sich selbst reproduzieren können, also dass auf jede Zahlung eine neue erfolgt. Dies funktioniert über das generalisierte Kommunikationsmedium Geld, das die letzte Zahlung mit der jetzigen verknüpft.

Würde das Geld nicht mehr akzeptiert, folgt der Zahlung keine weitere Zahlung mehr und das System hätte seine Anschlussfähigkeit verloren.

Das Bildungssystem hat auf jeden Fall den Anschluss verloren! (Wenn Kinder in der dritten Klasse 2024 eigenständig keinen einzigen orthografisch richtigen Satz schreiben können oder in der vierten Klasse einen Text nicht lesen und inhaltlich verstehen können.)

Familiensysteme leider oft ebenfalls.

Und wenn jetzt die Mehrheit zu wenig oder kein Geld mehr haben (Rezession) …??? Sind auch Zahlungen nicht mehr anschlussfähig.

*Durch die Fülle der Informationskanäle und Kommunikationsmöglichkeiten klappt die moderne Kommunikation m. E. meistens gar nicht…wie oft schreibe ich Nachrichten auf IServ z.B. ins „**Nirvana**", ohne jemals eine Antwort zu erhalten.*

*Der Mediendschungel ermöglicht jedem individuell 24/7 seine Freizeitgestaltung …unwahrscheinlich, dass man sich am gleichen Tag mit dem selben Thema beschäftigt…**das einzige, was kurzeitigen Bestand hat, sind die lokalen Nachrichten aus der Tagespresse.***

Die Anschlussfähigkeit innerhalb eines Systems wird als Selbstreferenz bezeichnet, im Gegensatz zum *fremd referentiellen Bezug* auf die Umwelt (Welt, andere Systeme). **Ich nenne es Steuerung! Manipulation!**

6.Kapitel: Verschiedene Formen der Beobachtung

Direkte oder indirekte Beobachtung :
Bei *direkter Beobachtung* wird der Beobachtungsgegenstand unmittelbar zu einem bestimmten Zeitpunkt erfasst. Bei *indirekter Beobachtung* wird nicht das Geschehen selbst erfasst, sondern nur dessen Spuren und Auswirkungen.

Vermittelte oder unvermittelte Beobachtung :
Vermittelte Beobachtungen verwenden ein Aufzeichnungsgerät zur Speicherung und späteren Analyse des Beobachtungsinhaltes. Mögliches Problem der medienspezifischen Selektion ist eine mögliche Veränderung der ‚natürlichen' Situation. Die *unvermittelte Beobachtung* nützt keine technischen Hilfsmittel bei der Beobachtung, es werden lediglich Notizen angefertigt, ggf. nachträglich. Ein mögliches Problem ergibt sich durch die selektive Wahrnehmung des Beobachters.

Beobachtung mit oder ohne Manipulation unabhängiger Variablen :
Mit Manipulation unabhängiger Variablen: Datenerfassung durch Beobachtung bei experimentellen und quasi experimentellen Designs. *Ohne Manipulation unabhängiger Variablen* steht für die reine Beobachtung.

Quantitative oder qualitative Formen :
Stark strukturierte Beobachtungsformen arbeiten eher
quantitativ (etwa das Abzählen von Autos an einer
Kreuzung, Erfassung der Passanten in einer
Einkaufsstraße). Jedoch sind viele
Beobachtungsverfahren eher *qualitativ*, etwa die
(gegebenenfalls teilnehmende) Beobachtung eines
Ethnologen eines Regentanzes in einer ‚fremden' Kultur
oder die Beobachtungen eines Soziologen in einer
Gerichtsverhandlung.

Beteiligt oder unbeteiligt:
Der Standpunkt/die Sichtweise des Beobachters ist/ist
nicht Teil des beobachteten Systems.

Anmerkung in eigener Sache:

*Im Laufe der vergangenen Jahre ist für mich primär gar
nicht mehr so sehr von Interesse, was inhaltlich
gesagt/festgestellt wird, sondern ich finde viel
interessanter zu beobachten/analysieren wer etwas wie
und in welchem Kontext sagt.* ***Als „spiritueller
Lebensberater"*** *bin ich im Herzen zentriert, aber
dennoch neutral, wahrheitssuchend und übe mich darin
Sachverhalte/Verhaltensweisen nicht zu bewerten.
Dennoch erkenne ich oft in Bruchteilen oder oft durch
einen einzigen Schlüsselsatz, ob anschlussfähige
Kommunikation Sinn macht oder nicht (der Pragmatiker
in mir). Kommt auf den Grad und Stand der bisher
gemachten „Inneren Arbeit" an.*

7. Kapitel: Was meint der Begriff Differenz ?

Differenz im Sinne der Systemtheorie ist ein epistemologischer Grundbegriff der soziologischen Systemtheorie von Niklas Luhmann. Er bezeichnet, dass etwas von etwas anderem unterschieden oder getrennt werden kann. Für Luhmann (1984) war beispielsweise die Unterscheidung eines Systems zu einem anderen bzw. zu seiner Umwelt relevant. Ferner differenziert er dazu zwischen Erwartungen und Entscheidungen – innerhalb eines bestimmten Systems bestehen Erwartungen an seine Systemmitglieder, in unterschiedlichen Systemen wird unterschiedlich an den Einzelnen erwartet und dessen Entscheidungen und Verhalten erfolgen dann in relationaler Abhängigkeit (in Zwischen-, evtl. auch in Gegenabhängigkeit zu jenen oder anderen Systemerwartungen).

Der Begriff „Differenz" ist sehr abstrakt gefasst. Ihm liegt die Überzeugung zugrunde, dass die beispielsweise mit der Sprache bezeichneten Dinge nicht aus sich heraus eine Wesenhaftigkeit haben, die ihre Unterscheidbarkeit sicherstellt.

Sondern jede Unterscheidung muss in die Welt eingeführt werden. Es gibt keine feste Welt, die unabhängig von einem Beobachter ist, wie sie ist – sondern was es 'gibt', ist das, was Beobachter beobachten; das heißt, auf welche Weise Beobachter differenzieren.

(Luhmann liest demnach den Beginn des ersten
Schöpfungsberichtes der Genesis so, dass darin
ausgedrückt wird, dass die Welt erst durch die erste
Unterscheidung zwischen Tag und Nacht wird; der
Mensch, der zu unterscheiden lernt – das Böse und das
Gute –, wird aus dem Paradies vertrieben.) Luhmann
beruft sich für diese Grundposition auf George Spencer-
Brown und seine *distinction* (Unterscheidung), doch
greift er auch gewisse Gesichtspunkte der Betrachtungen
auf, die Jacques Derrida zum Ausdruck différance
entwickelt.

*Finde ich in diesem Zusammenhang hier jetzt sehr
spannend, dass selbst die **Wissenschaft** versucht, sich der
Spiritualität begrifflich anzunähern, die sich ja ansonsten
von dieser gerne selbst getrennt (differenziert) betrachtet,
diese leugnet oder sogar verteufelt, weil unberechenbar)
und sich an Begriffen, wie **„gut"** und **„böse"** orientiert.*

*Über den Sinn der Dynamik dieser Dualität meditiere ich
in den vergangenen Tagen „zufällig" ebenfalls sehr
gründlich, vielleicht um sie „fassbarer zu machen", ohne
sie dabei zu bewerten.*
*Die Anthroposophie spricht von unterschiedlich
wirkenden Kräften, wie „Ahriman"(dunkel/zerstörend)
und „Luzifer"(licht/aufbauend), synonym wären für mich
aber ebenso „Shiva" und „Shakti"…Yin und Yang …die
Dualität, die unser Logos errechnet…die zwei Seiten
einer Medaille… trennt die Wahrheit des „So-Seins" an
sich…was ist die Mitte ?*

(Logisch, denn wir haben zwei getrennte Gehirnhälften, die zwar über eine Brücke miteinander verbunden sind und im Glücksfall kooperativ miteinander verknüpft arbeiten, aber schon interessant, wenn wir uns bewusst machen, wie zweigeteilt unser Werkzeug beschaffen ist, mit dem wir reflektieren) ...es gleicht wohl mehr einer **Selbstbespiegelung** *...als einer wahrhaftigen Erkenntnisfindung.*

Wir Menschen aber haben „Gott sei Dank „die Fähigkeit mit dem **Herzen** *intuitiv Leben zu erfahren und dieses Erleben kann niemals durch Worte (es sei denn Poesie, Musik oder Kunst) annähernd beschrieben werden...*

Wahrheit *lässt sich nur in der Stille erfahren, sobald ich spreche, zerstöre ich den Moment des „Eins-Seins" ...deswegen ist Gott wohl auch „das sogenannte Numinöse"oder einfach nur in der„Stille"erfahrbar, namenslos...*
Seltsam anmutend stellt sich mir, die jetzt beobachtet, die Frage, was es nun in diesem Zusammenhang bedeutet, wenn am Anfang das Wort war...von was ist/war das bitte schön der Anfang...?
Und wie verhält es sich dann mit der Stille, während der Meditation?
Reden ist Silber, Schweigen ist Gold ?
Was bewirkt der Akt des Redens?
Was bewirkt der Akt des Schweigens?

8. Kapitel: Was meint Kontingenz ?

Kontingenz (lat. *contingere*: sich ereignen / spätlat.: Möglichkeit) ist ein in der Philosophie und in der Soziologie vor allem der Systemtheorie (Niklas Luhmann, Talcott Parsons) gebräuchlicher Begriff, um die prinzipielle Offenheit und Ungewissheit menschlicher Lebenserfahrungen zu bezeichnen.

Niklas Luhmann definierte den Begriff wie folgt: „Kontingent ist etwas, was weder notwendig ist noch unmöglich ist; was also so, wie es ist (war, sein wird), sein kann, aber auch anders möglich ist. Der Begriff bezeichnet mithin Gegebenes (zu Erfahrendes, Erwartetes, Gedachtes, Phantasiertes) im Hinblick auf mögliches Anderssein; er bezeichnet Gegenstände im Horizont möglicher Abwandlungen.“

Erkenntnistheoretisch betrachtet ist Kontingenz das (seinerseits kontingente) Wissen darüber, dass jedes Wissen relativ ist.

Absolutes Wissen ist prinzipiell unmöglich. „*Es kann immer auch ganz anders sein*“. Kontingenz hat sich zu einem zentralen Begriff der Erkenntnistheorie entwickelt.

*Mich erinnert es jetzt (29.11.2024) daran, dass wir auf immer mehr Kanälen Informationen darüber bekommen, wie sich Realität gestalten lässt...Kurz: **Anleitung zur Manifestation.***

Er zeigt, dass in sich geschlossene und gleichzeitig universelle Theorien nicht möglich sind!

Erkenntnis entsteht vielmehr in selbstreferentiellen Prozessen, auf der Basis vorheriger Erkenntnisse, die bei jeweiligen Wissenschaftsbereichen oder Individuen unterschiedlich sind.

Komisch, ich habe die **Erfahrung** *gemacht, dass es eine ewige Herzens-Weisheit gibt, die jeder Mensch zu jeder Zeit erkennen kann, egal, wie und wo er aufgewachsen ist. Es ist m.E. eine konzentrische Art des Lernens/Wissens.*

Daher kommen verschiedene Wissenschaftsbereiche oder Individuen auf der Basis ihrer bisherigen Erkenntnisse zu verschiedenen neuen Erkenntnissen.

Ein Spezialproblem der Kontingenz ist die **doppelte Kontingenz.**

Sie beschreibt die zunächst scheinbare Unwahrscheinlichkeit von gelingender Kommunikation, wenn zwei Individuen ihre Handlungen jeweils von den kontingenten Handlungen des Gegenübers abhängig machen.

Ich spreche auch **von Herz zu Herz, da versteht man sich ohne Worte...***wahrscheinlich ist das Verständnis durch Worte eher getrübt.* **Wer nur im Kopf ist, kann das leider nicht verstehen, man kann es aber fühlen und ich bin ja nun mal hellfühlig (Herz, Cervix, Zirbeldrüse).**

Luhmann will die doppelte Kontingenz überwinden durch Kommunikation: Durch Beobachtung des Anderen sowie durch Versuch und Irrtum entsteht im Lauf der Zeit eine emergente Ordnung, die Luhmann „soziales System" nennt (s.o.). (*Mein Mittel: Liebe und Mitgefühl*)

Kontingenzbewältigung ist die Einschränkung des Risikos, enttäuscht zu werden (*Wenn ich erwartungsfrei und offen bin, für das was ist, kann ich nicht enttäuscht werden*). Das Risiko der Enttäuschung entsteht durch Ungewissheiten, für die man keine Erklärung hat. In der Kulturgeschichte des Menschen wurden dazu viele Strategien entwickelt, um die Welt berechenbarer zu gestalten. Zentrale Bedeutung hat hier die Religion, bzw. deren Kontingenzunterdrückungs-Mechanismen.

Das ist spannend in Bezug auf die Entwicklung der Bildungslandschaft. Die katholischen Grundschulen z.B. hier in Delmenhorst machen bestimmte Entwicklungen, wie „den Ganztag" nicht mit...

Es gab und gibt jedoch auch andere Systeme, die Kontingenzbewältigung bezwecken, wie politische Ideologien oder das Recht. Der Begriff beschreibt (in der reinen Form) eine soziale Situation, in der mindestens zwei Teilnehmende sich gegenseitig wahrnehmen, und in der noch völlig unbestimmt ist, was als Nächstes geschehen soll. Die Situation ist dadurch gekennzeichnet, dass nichts notwendig (zu tun) ist und zugleich auch nichts unmöglich (zu tun) ist; in der Ausschließung von Notwendigkeit und Unmöglichkeit besteht die Kontingenz (Soziologie).

Dadurch, dass dies gleichzeitig für beide Teilnehmenden gilt, wird von doppelter Kontingenz gesprochen.

Wenn jeder von beiden sich nur in Bezug auf den Anderen festlegen will und sein Verhalten/Handeln nur an das des Anderen anschließen will (oder kann), entsteht das Problem, dass kein Anfang denkbar ist, weil nicht klar ist, wer von beiden womit anfangen sollte.

Peinliche Stille im Wartezimmer.

Es ist beispielsweise kein Thema für Kommunikationsbeiträge vorhanden. Bei jedem möglichen Thema besteht kein Grund, genau dieses Thema zu initiieren. ***Das Wetter.***
Es könnte jedes andere Thema genommen werden.

Dieser Gedankengang hat mich persönlich schon immer fasziniert. Es ist demnach also sehr unwahrscheinlich, dass wahrhaftige Kommunikation wirklich stattfindet.

Deswegen brauchen wir wohl auch so viele Medien, damit uns die gemeinsamen Themen nicht ausgehen, über die wir sprechen könnten.
Für mich, als spiritueller Mensch eine erschütternde Erkenntnis und kaum einer begreift, wenn ich ein kostenloses, zweiwöchiges Abo des Weser-Kuriers (29.11.2024... heute erst erneut telefonisch passiert) ablehne, da ich keine Zeit zum Lesen habe...

...verstörende Blicke, wenn ich verkünde, schon seit vielen Jahren kein Fernsehen mehr zu schauen, weil es für mich pure Zeitverschwendung sei...ich höre nicht mal Radio, nur während der Autofahrt, wegen der Musik und nicht wegen den „Wortbeiträgen".

Mein Leben ist sehr erfüllt, vielleicht weil „ich selbst" ein Medium bin...?
*Auf meinem **Weg des Herzens** geht mir der Gesprächsstoff niemals aus, doch möchten nicht alle gerne die **Wahrheit** hören. Deswegen sind **„Wahr-sager"** wohl auch sehr unpopulär.*

***Spiritualität**, so wie ich sie erlebe, hat kein Interesse an der Unterdrückung von irgendetwas ...auch nicht von Kontingenz, ganz im Gegenteil, es findet Austausch von Herz zu Herz statt, was schon wieder fast eine Kommunikation durch Worte überflüssig macht, da es ein intuitives Verständnis gibt.*
*Spannend wäre an dieser Stelle jetzt zu untersuchen, wie es sich mit dem **Konzept der Kontingenz** und dem **Konzept der Synchronizität** verhält. **Antipoden?***

*Vielleicht ist ersteres nur ein Versuch, die **natürlichen Mechanismen der Evolution innerhalb der Dualität** zu beschreiben und wenn ich **im Herzen bin** und darüber **verbunden mit meinem höheren Selbst,** dann bewege ich mich sicherlich auf einer anderen Ebene (**ganzheitlich**) des **Bewusstseins**, somit auch der **Erkenntnis (nondual)**.*

In diesem Moment erscheint für mich die Kommunikation über Worte als ein sehr oberflächliches, aber z.T. toxisches „Bindemittel", wo doch oft nicht transparent das, worum es wirklich geht, ausgesprochen wird, wo kaum einer Wahrheit von Lüge unterscheiden kann, weil Informationen zum Zwecke der Manipulation (Kontrolle und Macht) vermischt werden, in einem Zeitalter, wo es modern ist Nachrichten zu verschlüsseln, natürlich unter dem Deckmantel des Datenschutzes, so aber authentische Kommunikation und ebensolches Handeln verhindert wird.

Das **Gesetz des Karmas** funktioniert aber dennoch, auch wenn viele meinen, sich so aus ihrer **Verantwortlichkeit als handelndes Individuum** davonstehlen zu können.

Ich bete an dieser Stelle dafür, dass viele „erwachen mögen", um sich selbst zu ver-wirk-lichen.

Ein Paradigmenwechsel ist wünschenswert (25.12.2024).

*Ich bitte um ein allgemeines Erkennen der Ganzheitlichkeit bezüglich aller in diesem holografischen System (Universum) stattfindenden Prozesse/Ebenen und dass diese sich von toxisch zu heilend transformieren mögen.
Amen.*

9. Kapitel: Was versteht man systemtheoretisch unter Kommunikation ?

Der **Begriff Kommunikation** beschreibt in der soziologischen Systemtheorie nach Niklas Luhmann, eine Operation, die soziale Systeme erzeugt und erhält.

Dieser Kommunikationsbegriff beschreibt etwas anderes als dasjenige, das allgemein unter „Kommunikation" verstanden wird.

Dies gilt insbesondere für die Vorstellung von Kommunikation als gemeinschaftlichem Handeln und auch für die Beschreibung von Kommunikation als Informationsübertragung.

Kommunikation ist bei Luhmann eine Einheit aus den Selektionen *Information*, *Mitteilung* und *Verstehen*. Diese Einheit stellt ein soziales System her und erhält es aufrecht, so lange wie die Kommunikation anschlussfähig bleibt und weitere Kommunikationen folgen.

Der Kommunikationsbegriff basiert auf der These der operationalen Geschlossenheit der Systeme.

Kommunikation als Einheit dreier Selektionen verläuft gleichzeitig mit, aber operational getrennt von psychischen Systemen.
Soziale und psychische Systeme sind durch strukturelle Kopplung miteinander verbunden.

Lebende, psychische und soziale Systeme werden in der soziologischen Systemtheorie nach Luhmann als autopoietisch (selbstherstellend) und operational geschlossen angesehen.

Durch die operationale Schließung der autopoietischen Operationen „Gedanken" und „Kommunikation" entstehen soziale Systeme und zugleich psychische Systeme (Bewusstseine) als Umwelten sozialer Systeme.

„Operationale Schließung" bedeutet, dass keine Operation das System verlassen kann, das durch diese Operation entsteht.

Die Operation, die psychische Systeme (im weiten Sinne: Bewusstsein) entstehen lässt und aufrechterhält, ist als „Gedanken" bezeichnet.

Gedanken schließen an Gedanken an und erzeugen auf diese Weise das psychische System.

Kein Gedanke verlässt das Bewusstsein, das durch ihn mit gebildet wird. *Akasha-Chronik.*

Was genau bewirkt dann die Gedankenstille durch Meditation ? *Den Zugang zur Akasha-Chronik.*

Die Operation, die soziale Systeme entstehen lässt und aufrechterhält, ist als „Kommunikation" bezeichnet.

Kommunikationen schließen an Kommunikationen an und erzeugen auf diese Weise das soziale System.

Was passiert, wenn ich einfach schweige?

Keine Kommunikation verlässt das soziale System, das durch sie gebildet wird.

Kommunikation fungiert als Synthese dreier Selektionen, als Einheit von *Information, Mitteilung* und *Verstehen.* Es handelt sich dabei um Selektionen aus einer unbestimmten Menge von Möglichkeiten: Die Tatsache, dass mitgeteilt wird, ist eine Selektion (es hätte auch eine andere oder keine Mitteilung geschehen können); Die *Information*, die in Kommunikation entsteht, unterscheidet *dieses* und schließt im Moment der Kommunikation *alles andere* aus;

Verstehen ist eine Selektion in dem Sinne, dass auch anders hätte verstanden werden können, und dass dadurch eine bestimmte Möglichkeit des Anschlusses weiterer Kommunikationen selektiert und andere ausgeschlossen werden. Die Selektion einer bestimmten Mitteilung, die auf einer Seite stattfindet, führt zu einer Selektion eines bestimmten Verstehens auf einer anderen Seite.

__Aus beidem zusammen entsteht für das kommunizierende System Information als selektive Unterscheidung von Verstehen und Mitteilung.__ Es wird etwas verstanden, und es wird zugleich damit von der Tatsache unterschieden, dass dieses Etwas mitgeteilt wurde. Die Operation Kommunikation führt so auf der Basis von einzelnen Selektionen zweier Seiten zu einer komplexeren, sich selbst stabilisierenden neuen Gesamtsituation, die als neues emergentes System gesehen wird.

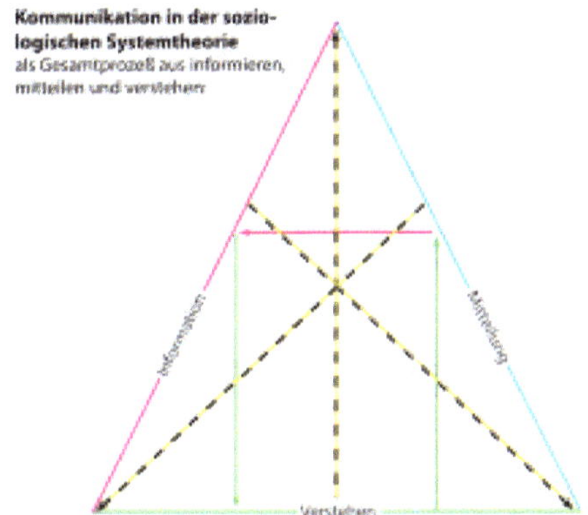

Quelle:
https://de.wikipedia.org/wiki/Kommunikation_(Luhmann)#/media/Datei:Kommunikation Systemtheorie.svg

Kommunikation ist eine Einheit, die Mitteilen, Information und Verstehen *auf mehreren Seiten* einschließt. *__Kommunikation beginnt deshalb logisch mit dem Verstehen und nicht, wie oft angenommen wird, mit einer Mitteilung.__*

Deswegen frage ich nach Wortbeiträgen zur Überprüfung immer wieder: „Weißt du, wie ich das meine?

Deshalb bezeichnet Luhmann in seinen Erläuterungen den Adressaten einer Mitteilung, durch dessen Selektionen Kommunikation als Einheit entsteht, als „Ego" und den Mitteilenden als „Alter".

Dieses Verstehen – als selektive Aktualisierung einer Differenz von Mitteilung und Information – ist etwas anderes als ein psychisches Verstehen.
Verstehen innerhalb der Operation Kommunikation heißt: Eine Mitteilung und eine Information werden unterschieden und zugeschrieben.
Verstehen heißt nicht, die Gefühle, Motivationen, Gedanken des Anderen zu erfassen.

Wer soll das denn jetzt verstehen (Lachsmiley).

10. Kapitel: Was ist das Organon-Modell ?

Das Organon-Modell von Karl Bühler ist ein Zeichenmodell zur Veranschaulichung seines Zeichenbegriffs einer natürlichen Sprache. Es ist darüber hinaus ein Kommunikationsmodell, da Sprache hinsichtlich ihrer kommunikativen Funktion (Sprachfunktion) dargestellt wird. In der Darstellung haben die zeichnerischen Elemente folgende Bedeutung:

- „Der Kreis in der Mitte symbolisiert das konkrete Schallphänomen".

Für mich wäre das jetzt z.B. der sogenannte „Äther".

Nämlich der Zwischenraum in dem der Austausch stattfindet. Wie z.B. Wellenmuster auf einem See, die aufeinandertreffen und miteinander ein neues Muster bilden.

- Das Dreieck steht für das *Zeichen*. „Die Seiten des eingezeichneten Dreiecks symbolisieren [...] die semantischen Funktionen des (komplexen) Sprachzeichens" als „drei variable Momente".
- Das Zeichen steht in einer Beziehung zum *Sender*, zum *Empfänger* und zu *Gegenständen und Sachverhalten*.

Nach Bühlers „These von den drei Sprachfunktionen" beruhen diese Beziehungen auf je unterschiedlichen semantischen Funktionen.

Ein Sprachzeichen hat nach Bühler eine *Ausdrucksfunktion*, eine *Appellfunktion* und eine *Darstellungsfunktion*. Im Modell wird dies von Bühler (1934) verkürzt

- Ausdruck
- Appell
- Darstellung

genannt.

Die Ausdrucksfunktion macht ein Zeichen zum *Symptom*, die Appellfunktion macht es zum *Signal* und die Darstellungsfunktion macht es zum *Symbol*.

Bühler sagt wörtlich: „Die Linienscharen symbolisieren die semantischen Funktionen des (komplexen) Sprachzeichens. Es ist *Symbol* kraft seiner Zuordnung zu Gegenständen und Sachverhalten, *Symptom* (Anzeichen, Indicium) kraft seiner Abhängigkeit vom Sender, dessen Innerlichkeit es ausdrückt, und *Signal* kraft seines Appells an den Hörer, dessen äußeres oder inneres Verhalten es steuert wie andere Verkehrszeichen."

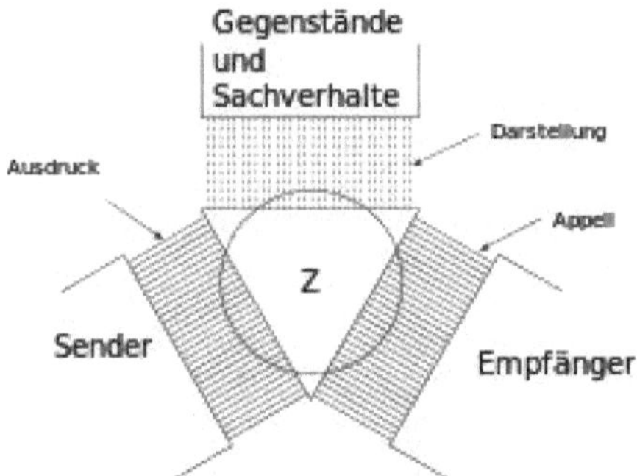

Quelle: https://de.wikipedia.org/wiki/Organon-Modell#/media/Datei:Organon-Modell_Workaround.svg

Das konkrete Sprechereignis bildet für Karl Bühler den
Ausgangspunkt seiner Untersuchung und Bestimmung
der menschlichen Sprache. In seinem Organonmodell
kommt er zu der Feststellung, dass die Leistung des
sprachlichen Zeichens dreifach ist:
Das Bühlersche Organon-Modell gilt als „Vorläufer des
informationstheoretischen Kommunikationsmodells" und
als „eines der berühmtesten Kommunikationsmodelle".
Bei *Symbol* muss ich gleich an **energetische Symbole**
denken, oder ***Krankheit als Symbol*** (Rüdiger Dahlke).
Organon erinnert mich sofort an die Orgon-Energie.
(Wilhelm Reich forschte und Tesla nannte sie „freie
Energie"…Ich nenne es „Lebensenergie/Chi).

Möge dieses Symbol uns heilen.

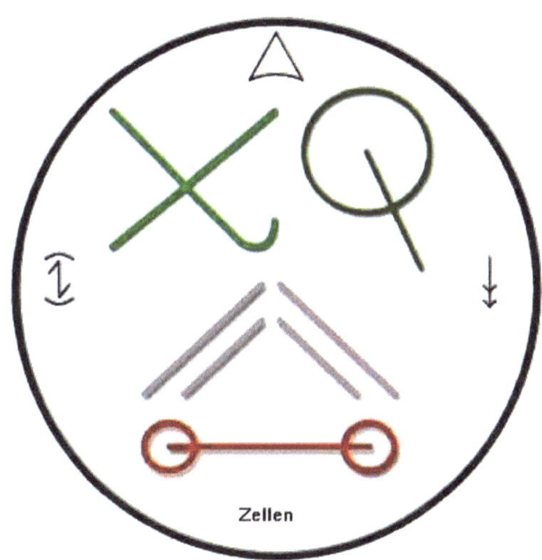

Quelle: https://www.paranormal.de/paramirr/geo/symbol/ingmar/zellen.html

77

11. Kapitel: Komplexe Systeme

Die neueste Strömung ist die Theorie komplexer Systeme. Ein komplexes System ist dabei ein System, dessen Eigenschaften sich nicht vollständig aus den Eigenschaften der Komponenten des Systems erklären lassen. Komplexe Systeme bestehen aus einer Vielzahl von miteinander verbundenen und interagierenden Teilen, Entitäten oder Agenten.

Komplexe Systeme sind von der Welt der Elementarteilchen bis hinauf zur menschlichen Gesellschaft weit verbreitet, man könnte sagen dominant. Sie entstehen überwiegend durch Prozesse der spontanen Selbstorganisation und sind meist einer Theorie auf der Basis bekannter mathematischer Funktionen nicht zugänglich (Chaostheorie). Beispiele sind die Bildung der Atomkerne, der Atome, die Umwandlung von Stoffen von einem Aggregatzustand, in einen anderen, die Kristallisation, chemische Reaktionen, die Evolution, die geistigen Prozesse im Gehirn, die Entwicklung der Sozialsysteme usw. *Für mich sind das alles Transformationsprozesse.*

In der *belebten Natur* sind offene Systeme dominant, die die Zufuhr von Energie benötigen, in der *unbelebten Natur* (sagt die Physik: Wasser, Gesteine, Luft) bilden sich komplexe Systeme meist spontan unter Abgabe von Energie oder auch im thermischen Gleichgewicht.

Wasser als unbelebt zu bezeichnen ist absolut absurd.

Die Theorie der komplexen adaptiven Systeme beruht vorwiegend auf den Arbeiten des Santa Fe Institute. Diese neue Komplexitätstheorie, die Emergenz, Anpassung und Selbstorganisation beschreibt, basiert auf Agenten und Computersimulationen, die Multiagentensysteme (MAS) einschließen, die zu einem wichtigen Instrument bei der Erforschung von sozialen und komplexen Systemen wurden.

Komplexe Systeme sind Systeme, welche sich der Vereinfachung verwehren und vielschichtig bleiben. Insbesondere gehören hierzu die komplexen adaptiven Systeme, die imstande sind, sich an ihre Umgebung anzupassen.

Ihre Analyse ist Sache der **Komplexitätstheorie** (englisch *complexity theory*) bzw. Systemtheorie, die aber von der Komplexitätstheorie im informatischen Sinn abzugrenzen ist. Die wissenschaftliche Beschreibung bzw. Untersuchung komplexer Systeme wird zusammenfassend als **Komplexitätsforschung** bezeichnet.

Nach diesem Verständnis würde ich mich selbst als Komplexitätsforscher/in beschreiben und den Begriff gerne mit dem Synonym „ganzheitlich" gleichstellen.

14.01.2025

*Ich wurde ja nun vom „Universum" und der damaligen Schulleitung dazu eingeladen, eine **teilnehmende Beobachtung** in einer Grundschule vorzunehmen.*

***Als Sozialwissenschaftlerin, Heilerin, Medium** und **spirituelle Lebensberaterin** (sog. Quereinsteigerin) habe ich auf die intern stattfindenden Prozesse einen ganz anderen Blick als z.B. die Pädagogen.*

Dieser Umstand, der mir nun gerade während der Verschriftlichung auffällt, ist wohl auch ein Problem innerhalb der zwischenmenschlichen Kommunikation und erzeugt Barrieren im gegenseitigen Verständnis.

Die Ergebnisse meiner Beobachtungen möchte ich nun kurz und präzise formuliert darstellen.

Ich stelle fest, dass die Kinder auf dem Schulhof mit den anderen Schülern/Schülerinnen ihre familiären Dynamiken repetieren.

Da die meisten Familien dysfunktional sind, ergeben sich auch dementsprechende Dynamiken. Dadurch entsteht ein hohes Konfliktpotential. Die Interaktionen sind toxisch und oftmals sowohl körperlich als auch seelisch verletzend.

Ich war nun lange Zeit sehr fokussiert auf die Kinder und Beziehungsarbeit mit ihnen. Nun wurde, durch den Wechsel der Schulleitung, meine Aufmerksamkeit mehr auf die Erwachsenen Akteure gerichtet.

Ein *Wechsel der Schulleitung hätte eigentlich erhoffte wichtige Reformen erzeugen können und müssen, aber das war, wie man jetzt nach einem halben Jahr deutlich wahrnehmen kann, zumindest „atmosphärisch" gesehen, nicht der Fall.*

Es wurden nur Veränderungen der „Hardware" vorgenommen, im wahrsten Sinne des Wortes, auf der inneren energetischen Ebene, der „Software „gab 'es bisher nichts Neues.

...außerdem verblieb eine interne feste Struktur, die sogar stärker ist als Freundschaft. Das mache ich daran fest, dass jahrelange Freundschaften gebrochen werden können, dafür bin ich sowohl Zeuge als auch Leidtragende. Kann das absichtlich so sein? Wer hat sich bitte so eine grausame, starre Struktur ausgedacht und wendet diese auch noch an ?

Die Antwort darf leider nicht kommuniziert werden, zu **privat** *oder* **Datenschutz**.

Verschwiegenheit wird vertraglich vereinbart, damit wird ein rechtsfreier Raum erschaffen, in dem sogar offensichtliches Unrecht geschockt, kopfschüttelnd, aber dennoch widerspruchslos hingenommen wird.

So kann jede konstruktive Veränderung im Keim erstickt werden, da keine transparente Kommunikation stattfindet und somit Konflikte nicht geklärt werden können. ***Es erfolgt keine positive Auflösung von Strukturen und Zwängen, sondern das Gegenteil.***

Als Konsequenz ergibt sich ein Verlust der Adaptivität, die aber eine Grundvoraussetzung für ein gesundes System ist.

Auch die sogenannten Erwachsenen wiederholen ihre nicht überwundenen Traumen in diesem toxischen Feld.

Die Verkleidungen der Lehrer zum letzten Halloweenfest haben mir unbewusst/unterbewusst deutlich deren Schatten offenbart…*ich habe mich wie immer nicht verkleidet, weil ich authentisch bin.*

Leider wurde ich kurzzeitig **Teil des Soges** und habe auch mich in einem Trauma wiedergefunden, was ich aber **Gott sei Dank** bereits durch Erkenntnis überwinden konnte.

Die Schulleitung verkörpert bekannte Muster meiner Eltern in einer Person. Die Unbeständigkeit meiner Mutter (Zwilling), gepaart mit dem konstanten, authentischen, narzisstischen Verhalten meines Vaters.

Im Moment des Gewahrseins nahm mein persönlicher Alptraum Gestalt an (auch ich als Heilerin und Medium werde natürlich immer wieder mit Schattenthemen aus meinem Leben konfrontiert und getriggert).

Dieses Erlebnis hat jetzt dazu geführt, dass ich die nächste **Meta-Ebene** betreten konnte und musste, auf der mir klar geworden ist, dass die Verbindung meiner Eltern in einer auf beiden Seiten narzisstischen Mutter begründet lag. Somit waren sie mehr Leidensgenossen als Liebende, weil bedingungslose Liebe hatten, ja beide niemals erfahren/erleben/fühlen können.

Beide waren **nicht** das *Goldkind*.

Dann wurde ich geboren.

Meine Mutter wollte kein Kind und mein Vater war danach an allem, was nicht den Erwartungen meiner Mutter entsprach Schuld, er durfte aber, das, was er zum glücklich sein brauchte, auch nicht leben.

Er ist gegangen, als ich 12 Jahre alt war. 2 Jahre später bin ich ebenfalls gegangen, zu meinem Vater. Heute lebe ich gefühlt ein Leben ohne Eltern, wie mein Mann.

Mit dem Unterschied, dass wir *liebesfähige Leidensgenossen* sind.

Synthese!!! Meine Eltern sprechen bis heute nicht miteinander, die Synthese ist unmöglich, weil beide im Kopf und nicht im Herzen sind. *Ich habe mir gewünscht, dass sie beide wieder im Herzen sein können. Meine Vision war* in der Schule neue Impulse zu verwirklichen (*Hand in Hand*), doch z.Zt. befinde ich mich nun im Prozess der Des-illusionierung, schweige und beabsichtige zu gehen. Ich habe mich selbst nun von Menschen und zeitraubenden Aktivitäten (Aufgabe aller Ehrenämter) dort „*ent-bunden*". In Bezug zu den Kindern sind die Lehrer in einer anderen Machtposition.

Es entsteht ein Spannungsfeld aus *Konkurrenz, Macht* und *Ohnmacht*.

Man kann sich das in etwa vorstellen, wie im Rollenspiel.

Deswegen konnten „*Theater-spiele*" früher wohl auch großen (revolutionären) gesellschaftlichen Einfluss erzeugen.

Andersherum ist es jetzt ebenso möglich.

..., dass wir uns erstmal auf eine gemeinsame **Wahrnehmung der Realität** *einigen müssen. Bei Kindern, die viel Zeit in der virtuellen Welt verbringen, konnte ich teilweise schon bemerken, dass die Ebenen sich beginnen zu vermischen oder fließend sind. Manchmal habe ich das Gefühl, sie sind in ihrem eigenen Film unterwegs und bekommen von dem, was sie real umgibt, gerade nicht viel mit. So schleudern sie z.B. mit ihrem Turnbeutel herum und bleiben aus Versehen an einer Anhängerkupplung eines fahrenden Autos hängen.*

Rollenspiele lassen sich innerhalb von Familien z.B. bei gemeinsamen Feiern ebenfalls besonders gut beobachten und studieren.

Der *Wiederholungszwang* wird manchmal regelrecht zementiert. Was als „normal" wahrgenommen wird, wird nicht mehr in Frage gestellt. Und leider muss ich feststellen, dass selbst die ***unmissverständliche Klarheit und Wahrheit*** nicht immer zwangsläufig zu dem ***Wunsch nach Veränderung*** führen muss. Lieber wird an dem, was krank und bekannt ist festgehalten, als notwendige *Transformationsprozesse* zu initiieren, die für alle heilsam wären. Die Gesellschaft befindet sich so betrachtet ***somit kollektiv in einem Zustand der Depression*** (chronischer Energiemangel/Burn-Out).

Komplexe Systeme zeigen eine Reihe von Eigenschaften (Auswahl):

1. *Agentenbasiert*: Komplexe Systeme bestehen aus einzelnen Teilen, die miteinander in Wechselwirkung stehen (Moleküle, Individuen, Software Agenten, etc.).
2. *Nichtlinearität*: Kleine Störungen des Systems oder minimale Unterschiede in den Anfangsbedingungen führen oft zu sehr unterschiedlichen Ergebnissen (Schmetterlingseffekt, Phasenübergänge). Die Wirkzusammenhänge der Systemkomponenten sind im Allgemeinen nichtlinear.
3. *Emergenz*: Im Gegensatz zu lediglich komplizierten Systemen zeigen komplexe Systeme Emergenz. Entgegen einer verbreiteten Vereinfachung bedeutet Emergenz nicht, dass die Eigenschaften der emergierenden Systemebenen von den darunter liegenden Ebenen vollständig unabhängig sind. Emergente Eigenschaften lassen sich jedoch auch nicht aus der isolierten Analyse des Verhaltens einzelner Systemkomponenten erklären.
4. *Wechselwirkung (Interaktion)*: Die Wechselwirkungen zwischen den Teilen des Systems (Systemkomponenten) sind lokal, ihre Auswirkungen in der Regel global.

5. ***Offenes System***: Komplexe Systeme sind üblicherweise offene Systeme. Sie stehen also im Kontakt mit ihrer Umgebung und befinden sich fern vom thermodynamischen Gleichgewicht. Das bedeutet, dass sie von einem permanenten Durchfluss von Energie bzw. Materie abhängen. *(In der Schule sehe ich Energievampirismus)*

6. ***Selbstorganisation:*** Dies ermöglicht die Bildung insgesamt stabiler Strukturen (Selbststabilisierung oder Homöostase), die ihrerseits das thermodynamische Ungleichgewicht aufrechterhalten. Sie sind dabei in der Lage, Informationen zu verarbeiten bzw. zu lernen.

7. ***Selbstregulation:*** Dadurch können sie die Fähigkeit zur inneren Harmonisierung entwickeln. Sie sind also in der Lage, aufgrund der Informationen und derer Verarbeitung das innere Gleichgewicht und Balance zu verstärken.

8. ***Pfade:*** Komplexe Systeme zeigen Pfadabhängigkeit: Ihr zeitliches Verhalten ist nicht nur vom aktuellen Zustand, sondern auch von der Vorgeschichte des Systems abhängig.

9. ***Attraktoren:*** Die meisten komplexen Systeme weisen so genannte Attraktoren auf, d. h., dass das System unabhängig von seinen Anfangsbedingungen bestimmte Zustände oder Zustandsabfolgen anstrebt, wobei diese Zustandsabfolgen auch chaotisch sein können; dies sind die „seltsamen Attraktoren" der Chaosforschung.

Das Gehirn des Menschen ist ein Beispiel für ein komplexes System, da es aus untereinander vielfach verknüpften Bausteinen, den Neuronen, und weiteren Begleitzellen, deren Funktion weitgehend unbekannt ist, aufgebaut ist. Bewusstsein ist eventuell ein emergentes Phänomen des menschlichen Gehirns. Es muss hier allerdings unterschieden werden zwischen Bewusstsein an sich (als Medium im ontologischen Sinne) und Bewusstseinsinhalten als Informationen, die sich innerhalb des ontologischen Mediums 'Bewusstsein' manifestieren. Weitere, v.a. aus dem Alltag bekannte, (hoch-)komplexe Systeme sind z.B. das Internet, Finanzmärkte, multinationale Konzerne, aber eben auch das menschliche Nervensystem, der Mensch selbst, Infrastrukturnetze und dergleichen.

14.01.2025

Spannend, was wohl passiert, wenn **Mark Zuckerberg/** *Weißer Planetarer(manifestieren/verwirklichen) Weltenüberbrücker* und **Elon Musk/** *Weißer Elektrischer(aktivieren/tun) Weltenüberbrücker* sich jetzt als einstige Feinde verbünden.

https://www.fr.de/kultur/gesellschaft/nichts-google-musk-und-zuckerberg-sie-wissen-alles-wir-93510598.html

12. Kapitel: Systemverhalten

Das Verhalten eines Systems ist die auf der Makroebene beobachtbare Veränderung seines Zustandes oder seiner Zustandsgröße. Als Ereignis wird der Übergang von einem Zustand in einen anderen bezeichnet. Hier lassen sich bereits ohne Kenntnis der Mikroebene Gesetzmäßigkeiten erkennen. Erklärt werden können diese Gesetzmäßigkeiten aber nur durch die Systemstruktur.

Diese Veränderungen können

- selbständig, ohne Einflüsse von außen ("intrinsisch") erfolgen [] → oder
- mit einem Einfluss von außen ("extrinsisch") zusammenhängen → []→.
- Beobachtbar ist auch, dass ein System trotz eines Einflusses von außen keine Änderung zeigt → [].

Synonyme Begriffe für Einfluss und Wirkung:

Die Zahl der Möglichkeiten, welche Einflüsse auf ein System einwirken können, ebenso die Zahl der Reaktionsmöglichkeiten, hängt von der Struktur des Systems ab. Von dem einfachsten System mit nur einer Eingabemöglichkeit und einer Ausgabemöglichkeit (*Beispiel: Kniesehnenreflex*) bis zu sehr vielen Möglichkeiten bei adaptiven und lernenden Systemen sind alle Übergänge denkbar.

Einfluss und Wirkung können Stoff- bzw. Materie-, Energie- sowie Informationsflüsse sein. Dabei sind alle Kombinationen möglich. (*Beispiel: Beim Bremsen eines Autos an der Ampel bewirkt eine Information eine Abgabe von Energie*).

Die Zusammenhänge zwischen Einfluss und Wirkung können unter zwei Gesichtspunkten betrachtet werden:

- *qualitativ*: die Art eines Einflusses bestimmt die Art der Wirkung. (Prinzip der Reiz-Reaktions-Verknüpfung in der Ethologie).
- *quantitativ*:

  a) die Stärke eines Einflusses bestimmt die Stärke der Wirkung

  b) der Einfluss bestimmt die Richtung der Wirkung (gleichsinnig, direkt proportional: $E \sim A$ oder gegensinnig, indirekt proportional $E \sim 1/A$);

Das Verhalten von Systemen kann auf ihren eigenen Zustand wieder zurückwirken:

1. direkt (*Beispiel: Instinkthandlungsketten*)
2. indirekt: Das Verhalten von Systemen kann das Verhalten anderer Systeme beeinflussen und diese wirken wieder auf sie zurück. (*Beispiele: Stoffkreisläufe wie der globale Kohlenstoffkreislauf, Recycling*)

13. Kapitel : Resonanz

Resonanz ist in der **soziologischen Systemtheorie (Niklas Luhmann) eine Übertragungsmöglichkeit (für Prozesse) zwischen miteinander verbundenen Systemen** bzw. von direkt benachbarten **Systembestandteilen** *innerhalb eines Systems* aufgrund der *Gleichartigkeit beider.*

Resonanz setzt voraus, dass

- gleichartige Systemzonen existieren und
- eine Verbindung (zum Austausch) zwischen diesen besteht.

Die **Resonanz** vollzieht sich derart, dass das zeitliche Verhalten in der einen Zone auf die andere übergeht bzw. übergehen kann. Zum Beispiel richten sich betriebliche Urlaubspläne nach den Schulferien eines Bundeslandes. Im Allgemeinen wird diese Übertragung desto besser, je ähnlicher die beiden Instanzen einander sind, und desto geringer, je unähnlicher. Hier spielt die Zusammenführbarkeit (Angepasstheit von Botschaft und deren Medium) die entscheidende Rolle. Leichte Wiederholbarkeit (= energieverlustlose Übertragung) und das *Maß des übertragenen sozialen Druckes* beeinflussen einander.

In der **Hermetik** wäre es das **Prinzip der Resonanz.**

Du ziehst an, was Deiner eigenen **Schwingungsfrequenz** *entspricht.* ***Verweis auf Wirkungsprinzip der Homöopathie.***

14. Kapitel: Strukturelle Kopplung

Unter struktureller Kopplung versteht der Wissenschaftstheoretiker und Soziologe Niklas Luhmann in seiner funktional-strukturalistischen Systemtheorie die *nicht ontologische Beziehung zwischen Systemen.*

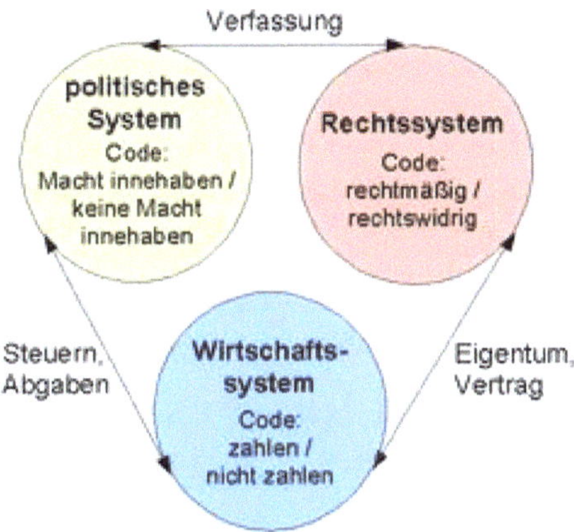

Quelle:
https://de.wikipedia.org/wiki/Strukturelle_Kopplung#/media/Datei:Systemtheorie_Luhmann_b.svg

Psychische Systeme erzeugen Gedanken (als Ereignisse, die operativ gehandhabt werden), physische Systeme (etwa Menschen) können aber von sich aus *nicht* „kommunizieren". *Soziale Systeme* hingegen erzeugen Kommunikationen (als Ereignisse, die operativ gehandhabt werden), *können jedoch nicht denken.* Deshalb gehören nach Luhmann psychische Systeme zur „Umwelt" sozialer Systeme (und umgekehrt).

Soziale Systeme (Interaktionen, Organisationen und Funktionssysteme wie Wissenschaft, Wirtschaft, Politik, Recht, Kunst, Erziehung und dergleichen) sind mit psychischen Systemen durch Sprache (die selbst kein „System" ist) *strukturell gekoppelt*.

Aber Menschen können a priori Kraft ihres Bewusstseins nicht evolutionär sinnvoll und zielführend denken, kommunizieren und handeln.

Ein Hauptproblem, stelle ich immer wieder fest, ist die mangelnde Fähigkeit der sinnvollen Zusammenarbeit und dementsprechender Kommunikation und Absprache.

Soziale Systeme hingegen erzeugen Kommunikationen, können jedoch nicht denken.

Diese Feststellung finde ich sehr spannend, wer kennt es nicht, wenn „behördlich" mal wieder völliger Un-Sinn verzapft wird.

17.01.2025 Es steht bei uns mitten auf dem Schulhof schon seit Wochen ein leerer Container.

Eigentlich soll das Laub, noch vom letzten Jahr 2024 eingesammelt werden.

In diesem Container bilden sich mittlerweile Eisschollen, weil es in der Zwischenzeit geregnet und gefroren hat und die Kinder klettern, rein und raus. Wenn keiner hinschaut, werfen sie alles Mögliche hinein. Ich hatte nun den Hausmeister zur Rede gestellt, warum jetzt nicht auch gleich jemand zur Bewachung daneben positioniert wurde und wie lange dieser Zustand denn nun bliebe.

Die Stadt habe *Personalmangel* ist die lapidare Antwort…mal schauen, bis wann dieser Container da noch steht…

15. Kapitel : Invokation

Invokation (lat. *invocatio* „Hineinrufung") ist eine Technik der Magie. Der Ausführende glaubt, ein Geistwesen herbeirufen zu können. *Invoziert* im engeren Sinne bedeutet hier das Hinein-Rufen (lat. *invocare*) in den Körper und die Psyche des Magieanwenders. Der Gegenbegriff zur Invokation ist die Evokation, wobei das Geistwesen als außerhalb der Person zu beschwören gedacht wird.

Religionsphänomologisch bezeichnet die Invokation die Anrufung einer höheren Macht. Invokation ist eine Glaubensannahme, aus wissenschaftlicher Sicht wird davon ausgegangen, dass die herbeigerufenen Wesen nicht real sind, sondern lediglich in der Vorstellung des „Magiers" existieren. *Aus spiritueller Sicht ist Gott fühlbar und erfahrbar, deswegen nenne ich es erfahrungswissenschaftlich.*

Die Invokation kann von einfachen Formen, wie der Konzentration auf eine Visualisation oder ein Gebet zu dem entsprechenden Geistwesen, bis zu höheren Formen, wie der Annahme von Gottformen, bei der komplexe Mentaltechniken benutzt werden, um ein göttliches Wesen zu invozieren, reichen. Solche Praktiken schließen auch die Vorstellung ein, sich mit diesen göttlichen Manifestationen zu vereinigen und selbst zu einem solchen Wesen zu werden.

Ich nenne diesen Prozess Meditation und Kontemplation und bin in meinem Buch „Initiationen" näher darauf eingegangen, wie auch in meiner Podcast-Reihe.

Die komplexeren Techniken, die die Anhänger der Invokation verwenden, beinhalten eine Beschäftigung mit den Symbolen und Attributen des zu invozierenden Wesens, die intellektuell-mentale Durchdringung der Symbole und Attribute, den Aufbau eines klaren visuell-mentalen Bildes und die emotionale und intellektuelle vollständige Identifikation mit dem zu invozierenden Wesen. Zu diesem Zwecke soll Samadhi zu verwirklichen sein und es werden Techniken der Ritualmagie benutzt.

Die Große Invokation

Den Plan auf Erden wieder herstellen!

Aus dem Quell des Lichts im Denken Gottes

Ströme Licht herab ins Menschendenken.

Es werde Licht auf Erden !

Aus dem Quell der Liebe im Herzen Gottes

Ströme Liebe aus in alle Menschenherzen.

Möge Christus wiederkommen auf Erden!

Aus dem Zentrum, wo der Wille Gottes thront,
Lenke plan-beseelte Kraft die kleinen Menschenwille
Zu dem Endziel, dem die Meister wissend dienen!

Durch das Zentrum, was wir Menschheit nennen,
Entfalte sich der Plan der Liebe und des Lichtes
Und siegle zu die Tür zum Übel.

Mögen Licht und Liebe und Kraft
Den Plan auf Erden wieder herstellen.

Foto von Yvonne Bader (alias Pema Wangchuk)

Entstanden am 16.01.2025 um 11:11 (Verweis auf Engelszahlen und Numerologie)

16.Kapitel : Evokation

Unter einer Beschwörung versteht man sowohl eine flehentlich oder auch vehement vorgetragene Bitte an einen Mitmenschen oder an ein höheres Wesen als auch die Herbeirufung und Dienstbarmachung von übernatürlichen Wesen.

Beschwörungsriten fanden und finden sich in unterschiedlicher Ausprägung in nahezu jeder Kultur und Religion. In den meisten ursprünglichen Religionen, die animistisch geprägt sind und die über spirituelle Spezialisten verfügen, spielt das Beschwören von übernatürlichen Geistwesen eine Rolle, aber auch in magisch ausgerichteten Religionen wie dem Bön, teilweise dem Daoismus oder dem Voodoo.

Im Christentum dienen Gebete zur Beschwörung göttlichen Beistandes.

In der Praxis der westlich-okkultistischen Evokation befindet sich der Ausführende des Rituals in einem zuvor gezogenen „Schutzkreis".

Das zu beschwören gedachte Geistwesen soll dazu gebracht werden, sich in ein außerhalb des Kreises befindliches „magisches Dreieck" zu manifestieren. Zu diesem Zwecke werden überlieferte „magische Siegel" oder Sigillen, die Namen des Geistwesens, sowie magische Korrespondenzen, d.h. Zuordnungen von Symbolsystemen benutzt.

Im Gegensatz zur Invokation, bei der der Praktizierende die Vorstellung verfolgt, eine Vereinigung mit einem angerufenen Geistwesen zu vollziehen, ist die Intention der Evokation, das Wesen aus seiner gedachten Sphäre in die dem Menschen sichtbare Welt zu bringen. Die vermeintlichen Geistwesen, die beschworen werden sind vielfältig, z.B. Elementarwesen, Götter, Planetenwesen, Engel oder Dämonen.

Diese magische Praxis soll dabei ganz unterschiedlichen Zwecken der Ausführenden dienen. Die Anwender glauben, sie könne dazu dienen, sich Geistwesen dienstbar zu machen, ihren Schutz zu erlangen, einen Pakt einzugehen (wie in Goethes Faust. Eine Tragödie) oder an das Wissen des entsprechenden Wesens zu gelangen. Ähnliche Vorstellungen spielen in den Beschwörungsritualen der unterschiedlichen Religionen eine Rolle.

Zu bekannten Vertretern der Evokationsvorstellungen zählt man unter anderen Agrippa von Nettesheim, Aleister Crowley, Franz Bardon, Israel Regardie, Kenneth Grant und Peter Carroll.

Der Esoteriker Rudolf Steiner praktizierte Geisterbeschwörung und versuchte sich später, in seiner anthroposophischen Zeit, davon zu distanzieren, indem er seine Kontaktaufnahmeversuche zu Toten als „geistmäßige Anschauungen" umdeutete.

- Damit indizierte er den **Zauberlehrling/Goethe** (...*die Geister, die ich rief,* ...und wurde sie nicht mehr los)

14.01.2025

Und ich wurde in meiner letzten Arbeit erst gefragt, ob ich auch mit „Toten" sprechen könnte.

Was sollen wir jetzt nur tun. Ich habe Gänsepelle am ganzen Körper und bin gerade wieder in Korrespondenz mit Tina. Auch ein Weltenüberbrücker.

https://de.wikipedia.org/wiki/Selbsterhaltung

Da ich, geführt von „oben", schon so viele Grenzen überschritten und Transformationen durchlaufen habe/bin ist heute mein erster Impuls:

Ruhe bewahren! Und anderen achtsam und zuverlässig bei ihrer persönlichen Transformationsprozessen zur Seite stehen.

<u>Literaturhinweis:</u>

- ***Chuck Spezzano***, Karten des Lebens, Lebensgeschichten erkennen und heilen.
  ISBN-13: 978-3-86616-028-6
- ***Ruediger Dahlke***, Krankheit als Symbol
  ISBN-13: 978-3-570-10521-4
- ***Ken Wilber***, Integrale Psychologie, Geist, Bewusstsein, Psychologie, Therapie
  ISBN-13: 978-3-86781-098-2
- ***Chogyal Namkhai Norbu***, Spiegel des Bewusstseins
  ISBN-13: 978-3-424-01501-6
- ***Kalashatra Govinda***, Chakra Praxisbuch
  ISBN-13: 978-3-442-21758-8

Autoreninfo:

**Yvonne Bader
(alias Pema Wangchuk)**

28.09.1969

Gelber Lunarer Stern
(LAMAT)

E-Mail:
HeilerinundMediumYvonneBader@t-online.de

- **<u>Ein lahmer Lama oder warum das Leben paradox ist</u>** … Innenansichten einer Heilerin und eines Mediums, Innere Reisen: Teil 1

  ISBN: 978-3-7431-3884-1

- **Initiationen**

  Innenansichten einer Heilerin und eines Mediums

  Innere Reisen: Teil 2

  ISBN: 978-3-7460-4915-1